EL VENDEDOR
MÁS GRANDE
DEL MUNDO

OG MANDINO

EL VENDEDOR MÁS GRANDE DEL MUNDO

NUEVA COLECCIÓN

XIANA

Título original: *The Greatest Salesman in the World*
Traducción: Benjamín E. Mercado

Diseño de portada: Jorge Rosas / DUUO

© 1996, 1968, Og Mandino
Publicado mediante acuerdo con The Bantam Dell Publishing Group, una
división de Random House, Inc.

Derechos reservados

© 2009, Editorial Planeta Mexicana, S.A. de C.V.
Bajo el sello editorial DIANA M.R.
Avenida Presidente Masarik núm. 111, 2o. piso
Colonia Chapultepec Morales
C.P. 11570, México, D.F.
www.editorialplaneta.com.mx

Primera edición: febrero de 1976
Nonagésima impresión: mayo de 2007
ISBN: 968-13-0804-2

Primera edición en esta presentación: octubre de 2007
Décima tercera reimpresión: marzo de 2013
ISBN: 978-968-13-4321-7

Impreso en los talleres de Litográfica Cozuga, S.A. de C.V.
Av. Tlatilco núm. 78, colonia Tlatilco, México, D.F.
Impreso y hecho en México – *Printed and made in Mexico*

Este libro está respetuosamente dedicado
al gran vendedor

W. CLEMENT STONE

que ha armonizado el amor, la compasión y un
sistema singular del arte de vender, creando
una filosofía viva para el éxito que motiva y guía
a incontables millares de individuos todos los
años para descubrir mayor felicidad, buena
salud mental y física, paz mental, poder y riquezas.

Reconocimientos

Este libro presenta las diez reglas básicas para la venta eficaz, y lo hace extraordinariamente bien. El autor, que es vendedor él mismo, habla por experiencia, y sus sabios consejos ayudarán a todo vendedor sincero a alcanzar mayor éxito. Recomiendo profundamente este libro a los vendedores.

Rdo. John A. O'Brien, doctor
en Filosofía y Letras. Profesor
de
teología dedicado a la investigación,
Universidad de Notre Dame.

☆   ☆   ☆

"¡Por fin!", un libro sobre ventas y el arte de vender que puede ser leído y disfrutado por el vendedor veterano y por el que comienza. Acabo de leer "El vendedor más grande del mundo" por segunda vez—era demasiado bueno para ser leído solamente una vez—y con toda sinceridad afirmo que es el libro de más fácil lectura, el más constructivo y el instrumento más útil para la enseñanza *del arte de vender* como profesión, que he leído jamás.

F.W. Errigo, gerente de
preparación
de vendedores en los Estados
Unidos,
Parke, Davis and Company

☆   ☆   ☆

He leído casi todos los libros que se han escrito sobre el arte de vender, pero creo que Og Mandino los ha incorporado a todos ellos en "El vendedor más grande del mundo". Todo aquel que siga estos principios no fracasará jamás como vendedor, y nadie será realmente grande sin ellos; pero el autor ha hecho más que presentar los principios—los ha combinado hasta hacerlos formar parte de una de las historias más fascinantes que he leído.

Paul J. Meyer, presidente
Success Motivation Institute,
Inc.

☆   ☆   ☆

Todo gerente de ventas debe leer "El vendedor más grande del mundo". Es un libro que debemos mantener a la cabecera de la cama, o en una mesita en la sala de recibo—un libro para consultar cuando es necesario, leerlo de vez en cuando, disfrutar de pequeñas y estimulantes porciones. Es un libro para la hora y para los años, un libro al que podemos recurrir una y otra vez, como a un amigo, un libro de directivas morales, espirituales y éticas, una fuente inagotable de consuelo e inspiración.

Lester J. Bradshaw, (hijo)
Ex decano, Instituto de buena
oratoria y relaciones públicas
Dale Carnegie

☆   ☆   ☆

Quedé sobrecogido por "El vendedor más grande del mundo". Es sin duda, la historia más grande y conmovedora que he leído. Es tan bueno que hay dos imperativos que quiero añadir: lo.) no debe dejarlo hasta que lo termina de leer; y 2do.) todo vendedor que vende algo, y eso nos abarca a todos nosotros, debe leerlo.

> Robert B. Hensley, presidente
> Life Insurance Company, of
> Kentucky

☆   ☆   ☆

Og Mandino, en forma estimulante, nos aguijonea la atención fascinándonos, al relatar en forma maestra su historia. "El vendedor más grande del mundo" es un libro que tiene atracción emocional para millones.

> Roy Garn, director ejecutivo
> Emotional Appeal Institute

☆   ☆   ☆

☆　　☆　　☆

Hay muy pocos hombres que cuentan con el talento de escritor con que ha sido dotado Og Mandino. Los pensamientos contenidos en este libro simbolizan la importancia del arte de vender en lo que respecta a la existencia de todo el mundo.

Sold Polk, presidente
Polk Brother Incorpo-
rated

☆　　☆　　☆

Acabo de terminar la lectura ininterrumpida de "El vendedor más grande del mundo". El argumento es original e ingenioso. El estilo es interesante y fascinante. El mensaje conmueve inspira.

Cada uno de nosotros es un vendedor, no importa cuál sea nuestra ocupación o profesión. Primero de todo debe efectuar la venta de sí mismo a sí mismo a fin de hallar la felicidad personal y la paz mental. Este libro, si es leído, absorbido y obedecido cuidadosamente, puede ayudar a cada uno de nosotros a ser su mejor vendedor.

Doctor Louis Binstock,
rabí, Templo Sholom,
Chicago

☆　　☆　　☆

☆　☆　☆

Me gusta la historia . . . me gusta el estilo . . . me gusta el libro. Todo vendedor y todo miembro de su familia debe leerlo.

W. Clement Stone, presidente
Combined Insurance Company of America

☆　☆　☆

Según mi opinión, "El vendedor más grande del mundo" por Og Mandino se convertirá en un libro clásico. He publicado centenares de libros durante los años, pero el poderoso mensaje de Og Mandino halló un sitio en el lugar más recóndito de mi ser. Me siento orgulloso de ser el editor de este libro.

FREDERICK V. FELL

☆　☆　☆

Capítulo

Uno

Hafid se demoró frente al espejo de bronce y estudió su imagen reflejada en el metal bruñido.

"Sólo los ojos conservan su juventud", murmuró al darse vuelta y caminar lentamente por el espacioso piso de mármol. Pasó entre columnas de ónix negro que sostenían el cielorraso bruñido de plata y de oro, y sus ancianas piernas lo llevaron más allá de las mesas esculpidas en madera de ciprés y marfil.

Las incrustaciones de carey brillaban en los sofaes y divanes, y las paredes, adornadas con piedras preciosas, relucían con brocados del más esmerado diseño. Enormes palmeras crecían plácidamente en vasijas de bronce sirviendo de marco a una fuente de ninfas de alabastro, mientras que grandes floreros, incrustados de piedras preciosas, competían con su contenido en llamar la atención. Ningún visitante al palacio de Hafid podía dudar de que se trataba en realidad de una persona de grandes riquezas.

El anciano pasó por un jardín cercado y entró a su almacén que se extendía más allá de su mansión en una distancia de 500 pasos. Erasmo, su principal tenedor de libros, esperaba inseguro un poco más allá de la entrada.

—Mis saludos, señor—dijo Erasmo.

Hafid inclinó levemente la cabeza y continuó en silencio. Erasmo lo siguió sin poder ocultar de su rostro la preocupación ante la extraordinaria solicitud de su amo para celebrar una entrevista en este lugar. Cerca de las plataformas de carga Hafid se detuvo contemplando las mercancías que eran sacadas de vagones de carga y contadas en puestos separados. Había lana, lino fino, pergaminos, miel, alfombras y aceite del Asia Menor; cristales, higos, nueces, y bálsamo de su propio país; textiles y drogas de Palmira; jengibre; canela y piedras preciosas de Arabia; maíz, papel, granito, alabastro y basalto de Egipto; tapizados de Babilonia; pinturas de Roma; y estatuas de Grecia. Flotaba en el ambiente un intenso aroma a bálsamo y el fino olfato de Hafid percibía la presencia de dulces ciruelas, manzanas, queso y jengibre.

Finalmente se volvió a Erasmo. —Mi viejo amigo, ¿cuánta riqueza hay ahora acumulada en nuestro tesoro?

EL VENDEDOR MÁS GRANDE

Erasmo palideció. —¿En total?

—En total.

—No he estudiado los números recientemente, pero calcularía que hay más de siete millones de talentos de oro.

—Y si todas las mercancías en todos mis almacenes y emporios se convirtieran en oro, ¿cuánto reportarían?

—Nuestro inventario no está aún completo para esta temporada, señor, pero calcularía un mínimo de otros tres millones de talentos.

Hafid asintió con la cabeza. —No compres más mercancías. Inicia de inmediato los planes necesarios para vender todo lo que es mío y convertirlo en oro.

El tenedor de libros abrió la boca sin emitir sonido. Retrocedió como si algo le hubiese golpeado, y cuando finalmente recobró el habla, tuvo que hacer un esfuerzo para decir. —No lo entiendo, señor. Este ha sido nuestro año más provechoso. Cada uno de los emporios informa sobre aumentos en las ventas respecto de la temporada anterior. Hasta las legiones romanas son ahora nuestros clientes, puesto que, ¿no le vendió al procurador de Jerusalén 200 sementales árabes en el espacio de dos semanas? Perdóneme mi intrepidez, porque rara vez pongo en tela de juicio sus directivas, pero esta orden no la puedo entender . . .

Hafid sonrió y le tomó con suavidad la mano a Erasmo. —Mi camarada digno de confianza,

¿es tu memoria lo suficientemente vívida como para recordar la primera orden que recibiste de mí cuando comenzaste a trabajar para mí hace muchos años?

Erasmo frunció el ceño transitoriamente, y luego se le iluminó el rostro. —Me encargó que sacara todos los años la mitad de las ganancias de nuestro tesoro y las distribuyera entre los pobres.

—¿Y no me consideraste en aquella época un hombre de negocios necio?

—Abrigué grandes recelos, señor.

Hafid asintió con la cabeza y extendió los brazos hacia las plataformas de carga. —¿Estás dispuesto a admitir que tu preocupación carecía de fundamento?

—Sí, señor.

—Permíteme entonces animarte a que tengas fe en mi decisión hasta que te explique mis planes. Soy ahora anciano y mis necesidades son sencillas, elementales. Dado que mi amada Lisha ha sido quitada de mí, después de tantos años de felicidad, es mi deseo distribuir todas mis riquezas entre los pobres de esta ciudad. Guardaré solamente lo suficiente como para terminar mi vida sin incomodidades. Además de disponer de nuestro inventario, quiero que prepares los documentos necesarios a fin de transferir el título de propiedad de cada uno de los emporios al que actualmente lo administra por mí. Quiero también que distribuyas 5.000 talentos de oro a estos gerentes como recompensa por sus años de lealtad, a fin de que puedan surtir de nuevo sus estantes y anaqueles en cualquier forma que lo deseen.

Erasmo comenzó a hablar pero la mano en alto de Hafid le impuso silencio. —¿Te parece desagradable esta tarea?

El tenedor de libros sacudió la cabeza y esbozó una sonrisa. —No, señor, solamente que no puedo comprender su razonamiento. Sus palabras son las de un hombre cuyos días están contados.

—Es propio de ti, Erasmo, que te preocupes por mí en vez de ti. ¿No piensas en tu futuro cuando nuestro imperio comercial quede disuelto?

—Hemos sido camaradas durante muchos años. ¿Cómo puedo yo ahora pensar solamente en mí mismo?

Hafid abrazó a su viejo amigo y le contestó: —No es necesario. Te pido que transfieras inmediatamente 50.000 talentos de oro a tu nombre y te ruego que te quedes conmigo hasta que se cumpla una promesa que hice hace muchísimos años. Cuando esa promesa se haya cumplido te legaré este palacio y el almacén a ti, porque estaré entonces listo para reunirme con Lisha.

El anciano tenedor de libros miró fijamente a su señor, incapaz de comprender las palabras que había oído. —El palacio, 50.000 talentos de oro, el almacén; no los merezco . . .

Hafid asintió. —He considerado siempre tu amistad como mi mayor bien. Lo que ahora te lego a ti es de ínfima importancia comparado con tu inagotable lealtad. Has llegado a dominar el arte de vivir, no solamente en lo que a ti respecta, sino en lo referente a los demás, y esta solicitud te ha sellado por sobre todo como un hombre entre los hombres. Ahora te insto a que te apresures a consumar mis planes. El tiempo es la mercancía más valiosa que poseo y el reloj de arena de mi vida está casi lleno.

Erasmo volvió el rostro para ocultar sus lágrimas. Con voz quebrada le preguntó: —¿Y qué me dice de su promesa que aún tiene que cumplirse? Aunque hemos sido como hermanos nunca le he oído hablar de tal asunto.

Hafid se cruzó de brazos y sonrió. —Nos reuniremos de nuevo cuando hayas cumplido las órdenes que te di esta mañana. Entonces te revelaré un secreto que no he compartido con nadie, excepto con mi amada esposa, por más de 30 años.

Capítulo

Dos

Y fue así que una caravana fuertemente protegida partió al poco tiempo de Damasco, con certificados de propiedad y oro para aquellos que administraban cada uno de los emporios comerciales de Hafid. Desde Obed en Jope, hasta Reuel en Petra, cada uno de los diez gerentes recibió con asombro y en silencio, la noticia de la jubilación de Hafid y de sus regalos. Finalmente, después de haber hecho la última parada en el emporio de Antipatris, la caravana dio por terminada su misión.

El imperio comercial más poderoso de su época había quedado disuelto.

Con el corazón cargado de profunda tristeza, Erasmo le envió la noticia a su señor de que el almacén estaba ahora vacío, y que los emporios no enarbolaban ya la orgullosa bandera de

EL VENDEDOR MÁS GRANDE

Hafid. El mensajero regresó con la petición de que Erasmo se reuniera con su señor de inmediato junto a la fuente en el peristilo.

Hafid estudió el rostro de su amigo y le preguntó: —¿Has cumplido la misión?

—Sí, la he cumplido.

—No te apenes, amigo mío, y sígueme.

Sólo el ruido de sus sandalias resonaba en la gigantesca cámara, mientras Hafid conducía a Erasmo hacia la escalera de mármol en el fondo. Disminuyó un tanto la marcha al acercarse a un solitario jarrón múrrino en un alto pedestal de madera de citrus y observó cómo los rayos del sol cambiaban el cristal del blanco al púrpura. Su viejo rostro sonrió.

Luego los dos viejos amigos comenzaron a subir los peldaños interiores que llevaban a la habitación ubicada dentro de la cúpula del palacio. Erasmo observó que el guardia armado, que siempre estaba de centinela al pie de la escalera, ya no estaba allí. Finalmente llegaron a un descanso de la escalera e hicieron una pausa, puesto que ambos estaban sin aliento debido a la subida. Luego continuaron ascendiendo hasta un segundo descanso y Hafid sacó una pequeña llave de su cinto. Abrió una pesada puerta de roble y se apoyó en ella hasta que se abrió rechinando. Erasmo vaciló hasta que su señor le hizo señas de que entrara, y penetró tímidamente en la sala a la cual no se había admitido a nadie durante más de tres décadas. Una luz grisácea, plomiza, se filtraba por las torrecillas del techo y Erasmo se aferró del brazo de Hafid hasta que sus ojos se acostumbraron a la semioscuridad. Con débil sonrisa, Hafid observaba como Erasmo miraba la sala vacía con la excepción de un pequeño cofre de cedro alumbrado por un haz de luz en un rincón.

—¿No estás desilusionado, Erasmo?

—No sé qué decir, señor.

—¿No has quedado desilusionado con el moblaje? Indudablemente el contenido de esta sala ha sido tema de conversación entre muchos. ¿No ha sido para ti motivo de extrañeza, de preocupación, el misterio de lo que hay aquí, y que yo he guardado tan celosamente durante tantos años?

Erasmo asintió con la cabeza. —Así es. Se ha conversado mucho y han circulado muchos rumores a través de los años respecto de lo que nuestro señor mantenía oculto aquí en la torre.

—Sí, amigo mío, yo he oído la mayor parte de ellos. Se ha dicho que había aquí barriles de diamantes, lingotes de oro, o animales salvajes, o aves raras. En cierta oportunidad un comerciante de alfombras persas insinuó que quizá yo mantenía aquí un pequeño harén. Lisha se rio ante la idea de que yo tuviese una colección de concubinas.

Pero, como lo observas tú, no hay nada aquí excepto un pequeño cofre. Ahora ven adelante.

Los dos hombres se sentaron en cuclillas frente al cofre y Hafid cuidadosamente procedió a desatar correas de cuero que rodeaban al mismo. Aspiró profundamente la fragancia de cedro que emanaba de la madera, y finalmente hizo presión contra la tapa, que se abrió suavemente. Erasmo se inclinó hacia adelante y miró por encima del hombro de Hafid el contenido del cofre. Luego fijó sus ojos en Hafid y sacudió su cabeza con asombro. No había nada en el cofre sino pergaminos . . . pergaminos de cuero.

Hafid metió la mano en el interior y suavemente quitó uno de los rollos. De repente lo atrajo hacia su pecho y cerró los ojos. Un sentimiento de tranquila serenidad se reflejó en su rostro, borrando las arrugas impuestas por el tiempo. Luego se puso de pie y señaló hacia el cofre.

—Aunque esta sala estuviese repleta hasta el techo de diamantes, su valor no podría sobrepasar al que tus ojos contemplan en este sencillo cofre de madera. Todo el éxito, toda la felicidad, el amor, la paz mental y la riqueza que yo he disfrutado, están directamente relacionados con lo que contienen estos pergaminos. Mi deuda hacia ellos y hacia los sabios que me los confiaron a mi cuidado jamás podrá ser saldada.

Atemorizado por el tono de vòz de Hafid,

EL VENDEDOR MÁS GRANDE

Erasmo retrocedió y preguntó: —¿Es éste el secreto al cual se ha referido? ¿Guarda este cofre alguna relación con la promesa que aún tiene que cumplirse?

—La respuesta es afirmativa para ambas preguntas.

Erasmo se pasó la mano por la frente sudorosa y miró a Hafid con incredulidad. —¿Qué hay escrito en estos pergaminos que pone su valor por encima de los diamantes?

—Todos estos pergaminos, con la excepción de uno, contienen un principio, una ley, o una verdad fundamental escrita en un estilo singular para ayudar al lector a comprender su significado. A fin de dominar el arte de las ventas, uno debe aprender y practicar el secreto de cada pergamino. Cuando uno domina estos principios, tiene el poder de acumular toda la riqueza que desea.

Erasmo, consternado, fijó la vista en los viejos pergaminos. —¿Tan rico como usted?

—Mucho más rico, si así lo desea.

—Usted me ha dicho que todos estos pergaminos, con la excepción de uno, contienen principios sobre el arte de vender. ¿Qué es lo que contiene el último pergamino?

—El último pergamino, como tú lo llamas, es el primer pergamino que debe leerse, puesto que cada uno está numerado para ser leído en un orden especial. Y el primer pergamino contiene un secreto que ha sido revelado a un simple puñado de sabios a través de la historia. El primer pergamino, en realidad, nos enseña la manera más eficaz de aprender lo que está escrito en los otros.

—Parece ser una tarea que cualquiera puede dominar.

—Es en realidad una tarea sencilla siempre que uno esté dispuesto a pagar el precio en lo que respecta a tiempo y concentración, hasta que cada uno de los principios se convierta en parte integral de su personalidad; hasta que cada principio se convierta en un hábito de vida.

Erasmo metió la mano en el cofre y quitó un pergamino. Sosteniéndolo suavemente entre sus dedos y señalando con él a Hafid dijo: —Perdóneme, señor, pero ¿por qué es que usted no ha compartido estos principios con otros, especialmente con aquellos que han trabajado con usted durante largo tiempo? Ha demostrado siempre tanta generosidad en otros asuntos, ¿cómo es que aquellos que formaban parte de su personal de ventas no han recibido la oportunidad de leer estas palabras de sabiduría y de esta manera enriquecerse también? Cuando menos, todos hubieran sido mejores vendedores de mercancías con tales valiosos conocimientos. ¿Por qué fue que no reveló a nadie estos principios durante todos estos años?

—No me quedaba otra alternativa. Hace

muchos años, estos pergaminos fueron confiados a mi cuidado, y tuve que prometer bajo juramento que compartiría su contenido solamente con una persona. Aún no comprendo la razón que motivaba este extraño pedido. Sin embargo se me ordenó aplicar los principios de los pergaminos a mi propia vida, hasta que algún día apareciera uno que necesitara la ayuda y las directivas contenidas en estos pergaminos, mucho más que yo cuando era joven. Se me dijo que mediante alguna señal yo reconocería al individuo a quien debía transmitir los pergaminos, aún cuando fuese posible que el individuo no supiera que estaba buscando los pergaminos.

—He esperado pacientemente, y mientras esperaba apliqué estos principios según se me dio permiso para hacerlo. Con su conocimiento me convertí en lo que muchos llaman el vendedor más grande del mundo, de la misma manera que aquel que me legó estos pergaminos fue aclamado como el más grande vendedor de su época. Ahora bien, Erasmo, quizá entiendas por fin por qué algunos de mis actos a través de los años parecían singulares e imprácticos para ti, y sin embargo han resultado todo un éxito. Tanto mi conducta como mis decisiones fueron guiadas siempre por estos pergaminos; por lo tanto no fue por mi propia sabiduría que adquirimos tantos talentos de oro. Yo fui solamente el instrumento de su cumplimiento.

EL VENDEDOR MÁS GRANDE

—¿Cree aún que aquel que va a recibir estos pergaminos de usted aparecerá después de todos estos años?

—Sí.

Hafid volvió a colocar suavemente los pergaminos en el cofre y lo cerró. Aún de rodillas habló con solemnidad diciendo: —¿Te quedarás conmigo, Erasmo, hasta ese día?

Y en aquella habitación iluminada por una luz tenue y plomiza, el tenedor de libros extendió su mano y estrechó la de su señor. Asintió con la cabeza y luego se retiró de la sala como si hubiese recibido un mandamiento sin palabras de su señor. Hafid volvió a atar el cofre con las correas de cuero y luego se puso de pie y caminó hasta una pequeña torrecilla. Pasó a través de ella hasta el andamio que rodeaba la gran cúpula.

Un viento oriental azotó el rostro del anciano, trayendo consigo el olor de los lagos y del desierto que se extendía en lontananza. El anciano sonrió, parado allí, encima de los techos de Damasco, y sus pensamientos se extendieron retrospectivamente a través del tiempo . . .

Capítulo

Tres

Era invierno y soplaba un viento tajante en el monte de los Olivos. Desde Jerusalén, a través de la angosta quebrada del valle de Cedrón, llegaba el olor a humo, incienso y carne quemada en el templo y su fetidez se mezclaba con el olor a trementina de los árboles de terebinto en las montañas.

En una abierta pendiente, a poca distancia de la villa de Bethpagé, descansaba la inmensa caravana comercial de Pathros, de Palmira. Era tarde, y hasta el semental favorito del gran mercader había dejado de mordizquear en los arbustos de pistacho y se había recostado contra la suave cerca de laureles.

Más allá de la larga hilera de tiendas silenciosas, hebras de grueso cáñamo ceñían los troncos de cuatro antiquísimos árboles de olivo. Forma-

EL VENDEDOR MÁS GRANDE

ban un corral cuadrado en el que estaban encerrados informes bultos de camellos y asnos, acurrucados unos contra otros para darse calor. Con
la excepción de dos guardias que hacían ronda
cerca de los vagones de mercancías, el único
movimiento que se observaba en el campamento era el de la alta y movediza sombra que
se proyectaba contra la pared de pelos de camellos de la espaciosa tienda de Pathros.

Dentro de la tienda, Pathros se paseaba
enojado de un extremo a otro, haciendo ocasionalmente una pausa para fruncir el entrecejo
y sacudir la cabeza en dirección al joven, arrodillado tímidamente cerca de la entrada de la
tienda. Finalmente inclinó su cuerpo enfermo
hacia la alfombra entretejida de oro e hizo señas
al joven para que se acercara.

—Hafid, tú has sido siempre como un hijo
mío. Estoy perplejo y asombrado por tu extraño
pedido. ¿No estás contento con tu trabajo?

Los ojos del joven seguían fijos en la alfombra. —No, señor.

—¿Quizá el creciente aumento de nuestras
caravanas ha hecho que tu labor de cuidar a los
animales sea demasiado grande?

—No, señor.

—Te ruego entonces que me repitas tu
pedido. Incluye también en tus palabras la razón
que respalda tan extraordinario pedido.

—Deseo ser vendedor de sus mercancías en

vez de ser simplemente un camellero. Quiero llegar a ser como Hada, Simón, Caleb y los otros que parten de nuestros vagones de mereancías con animales que apenas pueden caminar con la carga de artículos, y que regresan con oro para usted y con oro para sí mismos. Quiero mejorar mi humilde posición en la vida. Como camellero nada soy, pero como vendedor suyo puedo adquirir riquezas y el éxito.

—¿Cómo lo sabes?

—Con frecuencia le he oído decir que no hay ningún negocio ni profesión que ofrezca más oportunidades para elevarse por encima de la pobreza y alcanzar grandes riquezas, que la del vendedor.

Pathros comenzó a asentir con la cabeza pero luego desistió de ello y continuó interrogando al joven. —¿Crees que eres capaz de trabajar a la altura de Hadad y de los otros vendedores?

Hafid miró fijamente al anciano y le respondió: —Muchas veces he alcanzado a oír que Caleb se quejaba ante usted de su mala suerte, le explicaba su falta de ventas y muchas veces le oí a usted recordarle que cualquiera podía vender todas las mercancías en sus almacenes en un corto espacio de tiempo si solamente se dedicaba a aprender los principios y las leyes del arte de vender. Si usted cree que Caleb, a quien todos califican de tonto, puede aprender estos principios, luego entonces ¿no puedo yo también adquirir este conocimiento especial?

—Si adquieres estos principios, ¿cuál sería tu meta en la vida?

Hafid vaciló y luego dijo: —Se ha comentado repetidamente por toda la tierra que usted es un gran vendedor. El mundo no ha visto jamás un emporio comercial tal como el que usted ha fundado mediante el dominio del arte de vender. Mi ambición es la de llegar a ser aún más grande que usted, el mercader más grande, el hombre más rico y el vendedor más grande del mundo.

Pathros echó el cuerpo hacia atrás y estudió el rostro de piel oscura del joven. El olor de los animales impregnaba aún las ropas del joven, quien sin embargo desplegaba muy poca humildad en su manera de comportarse. —¿Y qué harás con todas las grandes riquezas y el temible poder que sin duda las acompañarán?

—Haré lo que usted hace. Proveeré a mi familia de los bienes más exquisitos de este mundo, y el resto lo repartiré entre aquellos que sufren necesidad.

Pathros sacudió la cabeza. —Las riquezas, hijo mío, no deben ser jamás la meta de tu vida. Tus palabras son elocuentes, pero son meras palabras. La verdadera riqueza es la del corazón, y no la de la billetera.

Hafid persistió: —¿No es usted rico, señor?

El anciano sonrió ante el atrevimiento de

Hafid. —Hafid, en lo que a las riquezas materiales respecta, existe una sola diferencia entre yo y el más humilde pordiosero fuera del palacio de Herodes. El pordiosero piensa solamente en su próxima comida, y yo pienso solamente en la comida que será mi última. No, hijo mío, no aspires a las riquezas y no trabajes solamente para enriquecerte. Esfuérzate por alcanzar la felicidad, por ser amado y amar, y lo que es de más importancia, procura con ahinco alcanzar la paz mental y la serenidad.

Hafid siguió persistiendo. —Pero todas estas cosas son imposibles sin el oro. ¿Quién puede vivir en la pobreza y alcanzar la paz mental? ¿Cómo se puede ser feliz con el estómago vacío? ¿Cómo puede uno demostrar amor por su familia si no puede alimentarla, vestirla y darle albergue? Usted mismo ha dicho que las riquezas son buenas cuando proporcionan gozo a los demás. ¿Por qué entonces no es buena mi ambición de ser rico? La pobreza quizá sea un privilegio y hasta una forma de vida para el monje en el desierto, porque sólo tiene que sostenerse a sí mismo y agradar solamente a su dios, pero yo considero que la pobreza es una señal de falta de capacidad o de falta de ambición. Y no creo que carezca de ambición ni de capacidad.

Pathros frunció el entrecejo. —¿Qué es lo que ha provocado este repentino estallido de la ambición? Hablas de proveer para la familia y sin embargo no tienes familia, a menos que sea yo que te he adoptado el día en que la pestilencia se llevó a tu padre y tu madre.

El rostro de tez oscura de Hafid no pudo ocultar el repentino enrojecimiento de las mejillas. —Mientras acampábamos en Hebrón antes de viajar hasta aquí, conocí a la hija de Calneh. Ella . . . ella . . .

—Ah sí, ahora sí que surge la verdad. El amor, y no los nobles ideales ha cambiado a mi camellero en un poderoso soldado dispuesto a combatir al mundo. Calneh es un hombre muy rico. ¿Su hija y el camellero? ¡Nunca! ¿Pero su hija y un mercader rico, joven y bien parecido . . . ? Ah, eso sí que es otro asunto. Muy bien, mi joven soldado, te ayudaré para que comiences tu carrera de vendedor.

El joven cayó de rodillas y se aferró del manto de Pathros. —¡Señor, señor! ¿Qué palabras puedo pronunciar para agradecerle?

Pathros se apartó de Hafid y dio un paso atrás. —Sugiero que te abstengas de agradecerme por ahora. Cualquiera que sea la ayuda que te preste, será como un grano de arena en comparación con las montañas que tú tendrás que mover por ti mismo.

El gozo de Hafid se calmó de inmediato al preguntar: —¿Me enseñará los principios y las leyes que me convertirán en un gran vendedor?

—No lo haré. Como tampoco te he mimado

ni te he hecho fáciles los primeros años de tu juventud. He sido criticado con frecuencia por condenar a mi hijo adoptivo a la vida de camellero, pero creí siempre que si le ardía en el corazón el verdadero fuego, se manifestaría finalmente . . . Y cuando así ocurriera serías un hombre más maduro a raíz de los años de trabajos difíciles. Hoy, tu petición me ha hecho feliz, puesto que el fuego de la ambición arde en tus ojos y tu rostro refleja un deseo ardiente. Esto es bueno y mi proceder ha sido reivindicado, pero aún debes demostrar que hay algo más que aire detrás de tus palabras.

Hafid guardaba silencio, y el anciano continuó: —En primer lugar, debes demostrarme a mí, y especialmente debes demostrarte a ti mismo, que puedes soportar la vida de un vendedor, porque no es una carrera fácil la que has elegido. Indudablemente, muchas veces me has oído decir que las recompensas son grandes, si uno alcanza el éxito, pero las recompensas son grandes solamente porque son muy pocos los que alcanzan el éxito. Muchos sucumben a la desesperación y fracasan sin comprender que poseen ya todas las herramientas necesarias para adquirir una gran riqueza. Muchos otros hacen frente a los obstáculos que se erigen en su camino con temor y dudas y los consideran enemigos, cuando en realidad estos obstáculos son amigos y auxiliares. Los obstáculos son necesarios para el éxito, porque en las ventas, como en todas las carreras de importancia, se alcanza la victoria solamente después de muchas luchas e incontables derrotas. Y sin embargo cada lucha, cada derrota, acrecienta la destreza y la fuerza, el valor y la resistencia, la habilidad y la confianza, de manera que cada obstáculo es un compañero de armas que te obliga a ser mejor . . . o a abandonar la empresa. Cada desaire es una oportunidad de avanzar; si uno huye de los obstáculos o los evita, habrá echado a perder el futuro.

El joven asintió con la cabeza e iba a hablar pero el anciano levantó la mano y continuó: —Además te embarcas en la profesión más solitaria del mundo. Hasta el despreciado recaudador de impuestos regresa a su hogar, a la puesta de sol, y las legiones de Roma tienen sus cuarteles que son como su casa. Pero tú te hallarás durante muchas puestas de sol lejos de tus amigos y de tus seres amados. Nada puede provocar con más rapidez en el corazón del hombre el sufrimiento de la soledad como cuando pasa frente a una casa extraña en la oscuridad y observa alumbrada por la lámpara en el interior, a una familia congregada para partir el pan de la noche. Es en estos períodos de soledad que las tentaciones te confrontarán—continuó Pathros—. La forma en que le hagas frente a estas tentaciones afectará profundamente tu carrera. Cuando te encuentres solo en el camino, acompañado solamente de tu animal, te asaltará muchas veces una extraña y a menudo aterradora sensación. Con frecuencia, las perspectivas de la vida y nuestro sentido de los valores se olvidan transitoriamente y nos convertimos en niños, anhelando la seguridad y el amor de nuestros propios seres queridos. Lo que procuramos como substituto ha puesto fin a la carrera de muchos incluyendo a miles a quienes se les consideraba muy capacitados para el arte de las ventas. Además, no habrá nadie que satisfaga tus gustos ni te consuele cuando no hayas vendido las mercancías; ninguno excepto aquellos que tratan de aprovecharse de tu dinero.

—Procederé con cuidado y cumpliré sus palabras de advertencia.

—Luego entonces comencemos. Por ahora no recibirás más consejos. Te yergues ante mí como un higo verde. Hasta que el higo no está maduro no puede llamarse higo, y hasta que no hayas sido expuesto al conocimiento y a la experiencia, no puedes ser llamado un vendedor.

—¿Cómo comenzaré?

—Por la mañana te presentarás a Silvio en los vagones de mercancía. Te entregará, bajo tu responsabilidad, uno de nuestros más hermosos mantos sin costura. Está tejido con pelo de cabra y resistirá aún las más intensas lluvias, y está teñido de rojo con las raíces de la planta llamada rubia, de manera que no se desteñirá nunca.

EL VENDEDOR MÁS GRANDE

Cerca del ruedo descubrirás una pequeña estrella cosida en el interior. Esta es la marca de Tola, cuyo gremio fabrica los mejores mantos de todo el mundo. Junto a la estrella está mi marca, un círculo dentro de un cuadrado. Estas dos marcas son conocidas y respetadas en toda la tierra y hemos vendido incontables millares de estos mantos. He comerciado con los judíos durante tanto tiempo que sólo sé el nombre que ellos le dan a esta prenda. La llaman un abeyah.

Luego de una pausa añadió: —Toma el manto y un asno y parte al amanecer para Belén, el pueblo que atravesó nuestra caravana antes de llegar aquí. Ninguno de nuestros vendedores visita jamás ese pueblo. Se afirma que es una pérdida de tiempo porque la gente es tan pobre, y sin embargo hace muchos años yo vendí centenares de mantos entre los pastores de aquella localidad. Quédate en Belén hasta que hayas vendido el manto.

Hafid asintió, procurando en vano ocultar su entusiasmo. —¿A qué precio venderé el manto, mi señor?

—Cargaré en tu cuenta, en el libro mayor, la cantidad de un denario de plata. Cuando regreses, me envías un denario de plata. Guárdate para ti el excedente en calidad de comisión, de manera que en realidad tú eres quien fijas el precio del manto. Puedes visitar el mercado que está a la entrada meridional de la ciudad o puedes escoger visitar a cada una de las casas ubicadas en la ciudad, de las cuales estoy cierto que hay más de mil. Indudablemente es concebible que se pueda vender allí un manto ¿no es así?

Hafid asintió de nuevo pensando ya en el mañana.

Pathros puso su mano suavemente en el hombro del joven. —No pondré a nadie para que ocupe tu cargo hasta que regreses. Si descubres que no tienes estómago para esta profesión, lo comprenderé y no debes pensar que te ha ocurrido una desgracia. Nunca te avergüences de emprender algo aunque fracases, porque aquel que no ha fracasado nunca no ha intentado tampoco nada. A tu regreso te interrogaré largamente respecto de tus experiencias. Luego entonces decidiré de qué manera continuaré ayudándote para que tus sueños estrafalarios se cumplan.

Hafid se inclinó y se preparaba para salir, pero el anciano aún no había terminado. —Hijo, hay un precepto que debes recordar al comenzar esta nueva vida. Guárdalo siempre fijo en la mente y vencerás obstáculos aparentemente imposibles que ciertamente te confrontarán, como le ocurre a todo aquel que tiene ambiciones.

Hafid esperó: —¿Sí, señor?

—El fracaso no te sobrecogerá nunca si tu determinación para alcanzar el éxito es lo suficientemente poderosa.

EL VENDEDOR MÁS GRANDE

Pathros se acercó al joven. —¿Comprendes todo el significado de mis palabras?

—Sí, señor.

—Luego entonces, repítemelas.

—*El fracaso no me sobrecogerá nunca si mi determinación para alcanzar el éxito es lo suficientemente poderosa.*

Capítulo

Cuatro

Hafid empujó hacia un lado el pan a medio comer y se puso a pensar en su infeliz suerte. Mañana haría cuatro días que estaba en Belén y el manto rojo que había traído con tanta confianza estaba aún dentro del paquete sobre las ancas del animal, atado ahora a una estaca en una cueva detrás de la posada.

No oía siquiera el ruido que lo rodeaba en aquel comedor atestado de gente, en circunstancias que miraba con gesto adusto a su comida sin terminar. Las dudas que han asaltado a todos los vendedores desde el comienzo de los siglos pasaron por su mente: "¿Por qué es que la gente no escucha mi historia? ¿Cómo puede uno cautivar su atención? ¿Por qué es que cierran la puerta antes de que haya pronunciado cinco palabras? ¿Por qué pierden interés en mis palabras y se alejan? ¿Son todos pobres en este pueblo? ¿Qué les responderé cuando me dicen que les gusta el manto pero que no tienen dinero para comprarlo? ¿Por qué es que tantos me dicen que vuelva después? ¿Cómo es que los otros venden cuando yo no puedo? ¿Qué temor es éste que se apodera de mí cuando me acerco a una puerta cerrada y cómo puedo vencerlo? ¿No está de acuerdo el precio que yo pido con el que piden los otros vendedores?"

Sacudió la cabeza disgustado al pensar en su fracaso. Quizá ésta no fuera la vida para él. Quizá debiera quedarse de camellero y continuar ganando solamente unos cobres por cada día de trabajo. En calidad de vendedor de mercancías se consideraría afortunado si regresaba a la caravana con alguna utilidad. ¿Qué es lo que Pathros lo había llamado? ¿Un joven soldado? Ansió, por unos momentos, estar con sus animales.

Luego sus pensamientos se volvieron a Lisha y su severo padre Calneh, y las dudas desaparecieron de inmediato de su mente. Esta noche dormiría de nuevo en los cerros para ahorrar dinero, y mañana vendería el manto. Además, hablaría con tanta elocuencia que el manto le proporcionaría un buen precio. Comenzaría temprano, apenas se divisara la alborada, y se pondría cerca del pozo de la ciudad. Se dirigiría a todos los que se acercaran y al poco rato estaría de regreso al monte de los Olivos con plata en su bolsa.

Extendió la mano y tomó el pan a medio comer y comenzó a comerlo mientras pensaba en su señor. Pathros se sentiría orgulloso de él porque no se había desanimado ni fracasado. En realidad cuatro días era un tiempo muy largo para vender solamente un manto, pero si podía realizar la venta en cuatro días, sabía que podía aprender de Pathros, como efectuarla en tres días, luego en dos días. Con el tiempo, adquiriría tanta habilidad que vendería muchos mantos por hora. Y sería entonces en realidad un vendedor de fama.

Salió de la bulliciosa posada y se dirigió hacia la cueva donde estaba su animal. El aire helado había endurecido la hierba, cubriéndola de una fina capa de hielo y cada hoja crujía como si se quejara bajo la presión de sus sandalias. Hafid desistió de ir esa noche a los cerros. En cambio descansaría en la cueva con su animal.

Mañana, estaba seguro, sería un día mejor, aunque ahora comprendía por qué los otros vendedores siempre pasaban de largo y no se detenían en este pueblo sin prosperidad. Afirmaban que no se podía realizar en el pueblo venta alguna, y se había acordado de sus palabras cada vez que alguien se negaba a comprar su manto. Y sin embargo, Pathros había vendido centenares de mantos aquí hacía muchos años.

EL VENDEDOR MÁS GRANDE

Quizá las condiciones habían sido distintas entonces, y después de todo Pathros era un gran vendedor.

Una luz mortecina que salía de la cueva lo hizo apresurar sus pasos por temor de que se encontrara un ladrón dentro de ella. Entró corriendo por la abertura de piedra caliza listo para dominar al malhechor y recobrar sus bienes. En cambio, la tensión desapareció de inmediato de sus músculos ante el cuadro que se presentaba a sus ojos.

Una pequeña vela embutida en una hendedura de la pared rocosa, alumbraba débilmente el rostro de un hombre de barba y a una joven mujer acurrucados el uno junto al otro. A sus pies, en el hueco de una piedra que por lo general contenía forraje para el ganado, dormía un bebé. Hafid sabía muy poco de estas cosas, pero se dio cuenta que el bebé era recién nacido porque tenía la piel roja y arrugada. Para proteger del frío al bebé que dormía, los mantos de la mujer y del hombre cubrían el cuerpecito, dejando solamente al descubierto su pequeña cabeza.

El hombre hizo una señal con la cabeza en dirección a Hafid, mientras que la mujer se acercó aún más al bebé. Ninguno habló. Luego un estremecimiento sacudió a la mujer, y Hafid vio que sus delgadas ropas le ofrecían escasa protección contra la humedad de la cueva. Hafid miró de nuevo al bebé. Observó fascinado mientras la boquita se abría y se cerraba, casi con una sonrisa, y una extraña sensación lo invadió. Por alguna razón desconocida pensó en Lisha. La mujer tembló de nuevo de frío, y su repentino movimiento hizo volver a Hafid a la realidad.

Después de algunos momentos de dolorosa indecisión, el futuro vendedor de mercancías se dirigió a su bestia. Con cuidado desató los nudos, abrió las alforjas y sacó el manto. Lo desenrolló y lo acarició con sus manos. El rojo matiz brillaba a la luz de la vela y podía ver la marca de Pathros y la marca de Tola en el interior—asimismo el círculo en el cuadrado y la estrella. ¿Cuántas veces había sostenido este manto en sus cansados brazos en los últimos tres días? Parecía que conocía todo el tejido y las fibras del manto. Era en realidad un manto de calidad. Si se lo cuidaba podía durar toda la vida.

Hafid cerró sus ojos y suspiró. Luego con pasos rápidos se dirigió al lugar donde estaba la pequeña familia, se arrodilló en la paja junto al bebé y suavemente quitó primero de aquel pesebre donde yacía el bebé, el manto raído del padre y luego el de la madre. Y se los devolvió a sus dueños. Asombrados, no podían ni reaccionar siquiera ante la intrepidez de Hafid. Luego Hafid abrió su precioso manto de púrpura y con él envolvió tiernamente al bebé dormido.

Hafid sentía aún en sus mejillas el cálido

beso de la joven madre, cuando sacó a su animal de la cueva. Directamente, encima, brillaba la estrella más resplandeciente que Hafid había visto. La contempló fijamente hasta que sus ojos se llenaron de lágrimas, y luego condujo a su bestia por el sendero que llevaba hacia el camino principal de regreso a Jerusalén y a la caravana en la montaña.

Capítulo

Cinco

Hafid cabalgaba lentamente con la cabeza baja de manera que no notaba ya que la estrella esparcía un camino de luz delante de él. ¿Por qué había cometido un acto tan necio? No conocía a esa gente reunida en la cueva. ¿Por qué no había procurado venderles el manto? ¿Qué le diría a Pathros? ¿Y a los demás? Se revolcarían en el suelo de risa cuando supieran que había regalado el manto que se le había confiado para vender. Y a un bebé desconocido en una cueva. Se puso a meditar para ver si se le ocurría alguna historia para engañar a Pathros. Quizá podía decirle que le habían robado el manto de las alforjas del asno, mientras él cenaba en el comedor. ¿Creería Pathros tal historia? Era posible, porque había muchos asaltantes en la región. ¿Y aunque Pathros le creyera, no lo censuraría por su descuido?

Ensimismado en sus pensamientos se encontró de pronto en la senda que cruzaba el jardín de Getsemaní. Se bajó del asno y caminó cansadamente delante de él hasta que llegó a la caravana. La luz que brillaba del cielo alumbraba el lugar como si fuese de día, y la confrontación que había temido se le presentó de inmediato al ver a Pathros, fuera de su tienda, observando atentamente los cielos. Hafid se detuvo, sin hacer movimiento, pero el anciano lo vio casi de inmediato.

El anciano se acercó al joven y con una voz que trasuntaba asombro y sobrecogimiento le preguntó: —¿Has venido directamente de Belén?

—Sí, señor.

—¿No te alarmas que una estrella te haya seguido?

—No lo había observado, señor.

—¿Que no lo habías observado? Me ha sido imposible moverme de este lugar desde que vi por primera vez que la estrella se levantaba sobre Belén hace casi dos horas. Jamás he visto otra con más color y brillantez. Y luego, mientras la observaba, comenzó a moverse en los cielos y a acercarse a nuestra caravana. Y ahora que está directamente sobre nuestras cabezas, tú apareces, y por dios, ya no se mueve más.

EL VENDEDOR MÁS GRANDE

Pathros se acercó a Hafid y estudió el rostro del joven con detenimiento al preguntarle: —¿Participaste de algún acontecimiento extraordinario mientras te hallabas en Belén?

—No, señor.

El anciano frunció el entrecejo como absorto en sus pensamientos. —Nunca he pasado una noche como ésta, ni he experimentado nada semejante.

Hafid vaciló y dijo: —Yo tampoco me olvidaré jamás de esta noche, señor.

—¿Ah, sí? ¿A ti también te pasó algo esta noche? ¿Cómo es que regresas tan tarde?

Hafid guardó silencio mientras el anciano se volvió y comenzó a hurgar en las alforjas del asno de Hafid. —¡Están vacías! Por fin alcanzaste el éxito. Entra a mi tienda y cuéntame tus experiencias. Puesto que los dioses han convertido la noche en día no puedo dormir y quizá tus palabras me den alguna pista del porqué una estrella siguió a un camellero.

Pathros se reclinó en su catre y escuchó con los ojos cerrados la larga historia de Hafid y las interminables negativas, rechazos e insultos que había tenido que afrontar en Belén. Ocasionalmente asentía con un ligero movimiento de cabeza, como cuando Hafid describió al mercader de artículos de alfarería que lo expulsó a viva fuerza de su negocio, y sonrió cuando el joven le narró la historia del soldado romano que le arrojó el manto en la cara a Hafid, cuando el joven vendedor se había negado a rebajar el precio.

Finalmente Hafid, con una voz ronca y velada, describía todas las dudas que lo habían asediado en la posada esa misma noche. Pathros lo interrumpió diciéndole: —Hafid, haz memoria y cuéntame con detalles todas las dudas que pasaron por tu mente mientras sentado allí te lamentabas de tu propia suerte.

Cuando Hafid había mencionado todas sus dudas lo mejor que podía, el anciano le preguntó: —Ahora bien, ¿qué pensamiento vino a tu mente que desalojó las dudas y te impartió nuevo valor para procurar de nuevo vender el manto a la mañana siguiente?

Hafid pensó por unos momentos en su respuesta y luego dijo: —Pensé solamente en la hija de Calneh. Aún en aquella asquerosa posada sabía que no me atrevería jamás a verle la cara de nuevo si fracasaba.

Y con voz quebrantada, Hafid dijo: —Pero de todos modos, le fracasé.

—¿Has fracasado? No te entiendo. El manto no ha regresado contigo.

Con una voz que parecía un murmullo, tan baja que Pathros tuvo que inclinar el cuerpo hacia adelante para oír, Hafid relató el incidente de la cueva, del bebé y del manto. Mientras el joven hablaba, Pathros lanzaba miradas repetidas a la puerta de la tienda y al resplandor que aún iluminaba el campamento. Una sonrisa comenzó a dibujarse en su rostro perplejo y no se dio cuenta que el joven había dejado de contar la historia y ahora sollozaba.

De pronto cesaron los sollozos y reinó el silencio en la espaciosa tienda. Hafid no se atrevía a levantar la vista. Había fracasado, demostrando con su fracaso que no estaba preparado para otra labor que no fuera la de camellero. Venció el impulso de ponerse de pie y salir corriendo de la tienda. Luego sintió sobre sus hombros la mano del gran vendedor y con esfuerzo levantó los ojos y los fijó en Pathros.

—Hijo mío, este viaje no ha sido de mucho beneficio para ti.

—No, señor.

—Pero lo ha sido para mí. La estrella que te siguió me ha curado de una ceguera que me cuesta admitir. Te explicaré este asunto sólo después de nuestro regreso a Palmira. Ahora te haré una solicitud.

—Sí, señor.

—Nuestros vendedores comenzarán a llegar de regreso a la caravana mañana antes de la puesta del sol, y sus animales necesitarán cuidado. ¿Estás dispuesto por ahora a retornar a tu trabajo de camellero?

Hafid se puso de pie resignadamente y se inclinó ante su benefactor. —Lo que me pida, eso haré . . . Y le pido disculpas por mi fracaso.

—Ve, entonces, y prepárate para el retorno de nuestros vendedores, y nos veremos de nuevo cuando lleguemos a Palmira.

Al salir de la tienda, Hafid quedó enceguecido por un instante por la brillante luz que alumbraba el lugar. Se restregó los ojos y oyó que Pathros lo llamaba desde el interior de la tienda.

El joven se dio vuelta y entró de nuevo, esperando que el anciano le hablara. Pathros lo señaló con la mano y le dijo: —Duerme en paz porque no has fracasado.

La estrella brillante alumbró el campamento durante toda la noche.

Capítulo

Seis

Hacía casi dos semanas que la caravana había regresado a sus cuarteles generales de Palmira, cuando Hafid, que dormía en su colchón de paja en el establo, fue despertado para que se presentara ante Pathros.

De inmediato se presentó en el dormitorio de su señor y quedó de pie vacilante ante la enorme cama que ocultaba casi por completo a su ocupante. Pathros abrió los ojos y movió trabajosamente las cobijas hasta que se sentó. Tenía el rostro demacrado y en sus manos se observaba una evidente dilatación de las venas. Hafid apenas podía comprender que éste era el mismo hombre con quien había hablado hacía solamente doce días.

Pathros le hizo señas para que se acercara, y el joven se sentó con cuidado al borde de la cama esperando que el anciano le hablara. Hasta la voz de Pathros era distinta en timbre y en el tono a la de la última reunión.

—Hijo mío, has tenido muchos días para reexaminar tus ambiciones. ¿Deseas aún ser un gran vendedor?

—Sí, señor.

Pathros asintió con un leve movimiento de su anciana cabeza. —Que así sea. Había pensado pasar mucho tiempo contigo, pero como lo ves, hay otros planes para mí. Aunque me considero un buen vendedor, no puedo convencer a la muerte para que se aparte de mi puerta. Ha estado rondando por mi puerta durante varios días como perro hambriento junto a la puerta de la cocina. A igual que el perro, sabe que finalmente la puerta quedará sin protección . . .

Un acceso de tos interrumpió las palabras de Pathros y Hafid se quedó allí sin hacer movimiento alguno, mientras el anciano procuraba trabajosamente recobrar el aliento. Finalmente cesó la tos y Pathros sonrió débilmente. El tiempo que nos queda es breve, de manera que comencemos. Primero, retira el pequeño cofre de cedro que está debajo de mi cama.

Hafid se puso de rodillas y sacó un pequeño cofre atado con tiras de cuero. Lo levantó y lo colocó suavemente sobre la cama a los pies de Pathros. El anciano se aclaró la garganta y dijo: —Hace muchos años, cuando mi condición era más humilde que la de un camellero, tuve el privilegio de salvar a un viajero del Oriente que había sido asaltado por dos bandidos. Insistió que yo le había salvado la vida, y quiso recompensarme, aunque yo no aspiraba a recompensa alguna. Puesto que yo no tenía ni familia ni fondos, me invitó a que regresara con él a su casa y familiares donde fui aceptado como uno de los suyos. Cierto día, cuando me había acostumbrado ya a mi nueva vida, me enseñó el cofre. Dentro de él había diez pergaminos de cuero, cada uno de ellos numerado. El primero contenía el secreto de la sabiduría. Los otros contenían todos los secretos y principios necesarios para alcanzar un gran éxito en el arte de vender. Durante todo el año siguiente se me impartieron enseñanzas respecto de las sabias palabras de los pergaminos, y con el secreto de la sabiduría del primer manuscrito finalmente aprendí de memoria todas las palabras de cada uno de los pergaminos, hasta que se convirtieron en parte integral de mis pensamientos y de mi vida. Se convirtieron en un hábito. Después de una pausa el anciano continuó: —Finalmente me regalaron el cofre que guardaba los diez pergaminos, una carta sellada, y una bolsa que contenía 50 monedas de oro. Yo no debía abrir la carta sellada hasta que hubiese perdido de vista a mi hogar adoptivo. Me despedí de la familia y esperé hasta llegar a la ruta comercial hacia Palmira, antes de abrir la carta. La carta me ordenaba tomar las monedas de oro, aplicar lo que había aprendido de los pergaminos y comenzar una nueva vida. Además la carta me mandaba que siempre repartiera la mitad de todas las riquezas que adquiriese entre personas menos afortunadas, pero los pergaminos de cuero no debían ser regalados ni compartidos con ninguno hasta el día que yo recibiera una señal especial que me dijera quién era la persona indicada para recibirlos.

Hafid sacudió la cabeza: —No le entiendo, señor.

—Te lo explicaré. He vivido alerta durante muchos años, esperando la señal que me descubriera quién era esta persona, y mientras velaba apliqué los principios aprendidos de los pergaminos y amasé una gran fortuna. Casi me había convencido de que una persona tal no se presentaría jamás antes de mi muerte, hasta que regresaste de tu viaje a Belén. Mi primera vislumbre de que tú eras el elegido para recibir los pergaminos la tuve cuando apareciste bajo la estrella rutilante que te había seguido desde Belén. He procurado en mi corazón comprender el significado de este acontecimiento, pero estoy resignado a no desafiar las acciones de los dioses. Luego cuando me dijiste que habías regalado el manto, que tanto significaba para ti, algo dentro de mi corazón me habló y me dijo que mi larga búsqueda había terminado. Había encontrado

EL VENDEDOR MÁS GRANDE

finalmente a aquel que estaba destinado a recibir el cofre. Y aunque parezca extraño, tan pronto como supe que había encontrado a la persona que buscaba, las fuerzas comenzaron a abandonarme lentamente. Ahora estoy próximo al fin, pero mi larga búsqueda ha terminado y puedo abandonar este mundo en paz.

Aunque su voz desfallecía, el anciano cerró sus huesosos puños y se acercó a Hafid. —Escucha atentamente, hijo mío, porque no tendré fuerzas para repetir estas palabras.

A Hafid se le llenaron los ojos de lágrimas al acercarse a su señor. Se estrecharon la mano y el gran vendedor respiraba con dificultad. —Te entrego ahora este cofre con sus valiosos contenidos, pero primero existen ciertas condiciones que debes aceptar. En el cofre hay una bolsa que contiene 100 talentos de oro. Esta suma te alcanzará para vivir y comprar un pequeño abastecimiento de alfombras con el cual podrás iniciarte en el mundo de los negocios. Podría otorgarte grandes riquezas, pero esto te provocaría un terrible perjuicio. Muchísimo mejor será que te conviertas en el vendedor más grande y más rico del mundo por tus propios esfuerzos. Como ves, no me he olvidado de tu meta.

El anciano hizo una pausa y luego prosiguió:

—Sal de esta ciudad de inmediato y ve a Damasco. Encontrarás allí oportunidades ilimitadas para aplicar lo que te enseñarán los pergaminos. Después de haber conseguido alojamiento, abrirás solamente el pergamino señalado con el número uno. Lo leerás repetidamente hasta que entiendas por completo el método secreto que expone y que tú emplearás en aprender los principios para alcanzar el éxito como vendedor, y que figuran en los otros pergaminos. A medida que aprendes de cada pergamino, podrás comenzar a vender las alfombras que has comprado, y si combinas lo que aprendes con la experiencia que adquieres, y continúas estudiando cada uno de los pergaminos según las instrucciones, tus ventas aumentarán cada día. Mi primera condición, entonces, es que me prometas bajo juramento que seguirás las instrucciones que contiene el pergamino señalado con el número uno. ¿Estás de acuerdo?

—Sí, señor

—Bien, bien . . . Y cuando apliques los principios de los pergaminos, llegarás a ser mucho más rico de lo que hayas soñado jamás. Mi segunda condición es que constantemente repartas la mitad de tu ganancia entre aquellos menos afortunados que tú. No debes apartarte en lo más mínimo de esta condición. ¿Estás de acuerdo?

—Sí, señor.

—Y ahora te expondré la condición más importante de todas. Se te prohibe compartir con nadie los pergaminos o la sabiduría que en ellos figura. Algún día aparecerá una persona que te dará una señal, así como la estrella y tu conducta altruista y generosa fueron la señal para mí. Cuando esto ocurra, reconocerás esta señal, aún cuando la persona que te la transmita ignore que es ella la escogida. Cuando estés convencido en tu corazón de que estás en lo cierto, le entregarás a él o a ella el cofre y sus contenidos, y cuando esto ocurra no necesitarás imponer condiciones en el que lo recibe como las que me fueron impuestas a mí y que ahora te impongo a ti. La carta que recibí hace tanto tiempo ordenaba que la tercera persona que recibiera los pergaminos, podría compartir su mensaje con todo el mundo si así lo deseaba. ¿Me prometes cumplir esta tercera condición?

—Sí, señor.

Pathros suspiró con alivio, como si le hubiesen quitado de encima un enorme peso. Sonrió débilmente y acarició con sus manos sarmentosas el rostro de Hafid. —Toma el cofre y parte. No te veré jamás. Te despido con todo mi cariño y mis buenos augurios para que alcances el éxito, y que tu Lisha, con el tiempo, comparta toda la felicidad que el futuro te deparará.

Hafid no procuró reprimir las lágrimas que corrían por sus mejillas, mientras tomaba el cofre y lo sacaba por la puerta abierta de la habitación. Ya afuera, se detuvo, puso el cofre en el suelo, y se volvió hacia su señor diciendo:

—¿El fracaso nunca me sobrevendrá si mi determinación para alcanzar el éxito es lo suficientemente poderosa?

El anciano sonrió débilmente y asintió con un débil movimiento de la cabeza. Y levantó el brazo en señal de despedida.

Capítulo

Siete

Hafid, a lomo de mula, entró en la amurallada ciudad de Damasco, por la puerta oriental. Marchó por la calle llamada Derecha con dudas y temores, y el ruido y la gritería procedentes de centenares de bazares no atenuaron sus temores. Una cosa era llegar a una ciudad grande formando parte de una poderosa caravana de mercaderes como la de Pathros; muy otra era llegar solo y sin protección alguna. Los vendedores callejeros corrían hacia él de todas partes enseñándole mercancías, procurando cada uno gritar más fuerte que su competidor. Pasó frente a negocios que parecían celdas, y bazares que exhibían la artesanía de orfebres que trabajaban artísticamente el cobre y la plata, talabarteros, tejedores, carpinteros; y a cada paso de su cabalgadura se encontraba frente a frente con otro vendedor, que con las manos extendidas, ofrecía su mercancía con palabras quejumbrosas de conmiseración.

Directamente al frente, más allá de la muralla occidental de la ciudad, se levantaba el monte Hermón. Aunque era verano, su cima estaba coronada de nieve, y parecía contemplar la cacofonía del mercado con tolerancia y paciencia. Finalmente Hafid se apartó de la famosa calle doblando en una esquina y buscó alojamiento, que no tuvo dificultad en encontrar en una posada llamada Moscha. Su habitación era limpia y pagó un mes de alquiler por adelantado, lo que de inmediato lo acreditó ante Antonino el propietario. Luego llevó a su mula a la caballeriza ubicada detrás de la posada, se bañó en las aguas del Barada y regresó a su habitación.

Puso el pequeño cofre al pie de su catre y procedió a quitar las correas de cuero. La tapa se abrió fácilmente y contempló los pergaminos. Finalmente metió la mano y los tocó. Cedieron bajo la presión de sus dedos, como si estuviesen vivos y al instante retiró la mano. Se puso de pie y dio unos pasos hacia la ventana enrejada por la que entraban los ruidos del bullicioso mercado ubicado a casi media milla de distancia. Lo invadieron de nuevo el temor y la duda al mirar en la dirección desde donde llegaban voces apagadas, y sintió que se le debilitaba la confianza. Cerró los ojos, se apoyó contra la pared y exclamó en alta voz: "¡Qué necio soy al soñar que yo, un simple camellero, será aclamado un día como el más grande vendedor del mundo, cuando en realidad no tengo ni el valor de caminar por los puestos de los buhoneros en la calle! Hoy mis ojos han contemplado a centenares de vendedores, todos ellos mejor equipados que yo para su profesión. Todos ellos eran intrépidos, entusiastas y persistentes. Todos ellos parecían equipados para sobrevivir en la jungla laberíntica del mercado. Sería estúpido y presuntuoso de mi parte pensar que puedo competir con ellos y superarlos. Pathros, mi Pathros, temo que fracasaré de nuevo."

Se arrojó sobre su catre, y cansado de su viaje, sollozó hasta dormirse.

Cuando se despertó era de mañana. Aún antes de abrir sus ojos escuchó un gorjeo. Se sentó y contempló con incredulidad a un gorrión asentado en la tapa abierta del cofre que contenía los pergaminos. Corrió a la ventana. Afuera, miles de avecillas se posaban en las higueras y sicómoros, saludando al día con sus trinos. Y mientras Hafid observaba, algunas de las avecillas se posaron en la repisa de la ventana, pero emprendían rápidamente el vuelo al menor movimiento de Hafid. Luego se dio vuelta y observó de nuevo el cofre. Su alado visitante ladeó airosamente la cabeza y miró al joven. Hafid caminó lentamente hacia el cofre, con la mano

extendida. La avecilla se posó sobre su palma.
—Miles de tu clase allí afuera tienen miedo. Pero tú tuviste el valor de entrar por la ventana.

La avecilla picoteó repetidamente la piel de Hafid y el joven la llevó hacia su mesa donde estaba su mochila con pan y queso. Los partió en pedacitos y los puso junto a su pequeño amigo que comenzó a comer.

Un pensamiento se le ocurrió a Hafid al regresar a la ventana. Restregó la mano contra las aberturas en las celosías. Eran tan pequeñas que parecía casi imposible que un gorrión pudiera haber entrado por ellas. Luego recordó la voz de Pathros y repitió sus palabras en alta voz: "El fracaso nunca te sobrecogerá si tu determinación para alcanzar el éxito es lo suficientemente poderosa."

Regresó al cofre y metió en él la mano. Uno de los pergaminos estaba más gastado que los demás. Lo sacó del cofre y lo desenrolló suavemente. El temor había desaparecido de su corazón. Luego miró hacia el gorrión. También había desaparecido. Sólo las migajas de pan y de queso quedaban como una prueba de la visita de aquella avecilla llena de valor. Hafid echó una mirada hacia el pergamino. En el encabezamiento decía: "El pergamino número uno." Y comenzó a leer . . .

Capítulo

Ocho

El pergamino número uno

Hoy comienzo una nueva vida.

Hoy mudaré mi viejo pellejo que ha sufrido, durante tanto tiempo, las contusiones del fracaso y las heridas de la mediocridad.

Hoy nazco de nuevo y mi lugar de nacimiento es una viña donde hay fruto para todos.

Hoy cosecharé uvas de sabiduría de las vides más altas y cargadas de fruta de la viña, porque éstas fueron plantadas por los más sabios de mi profesión que han venido antes que yo, de generación en generación.

Hoy saborearé el gusto de las uvas frescas de las vides, y ciertamente me tragaré la semilla del éxito encerrada en cada una y una nueva vida retoñará dentro de mí.

La carrera que he escogido está repleta de oportunidades, y al mismo tiempo está llena de angustia y desesperación, y los cadáveres de aquellos que han fracasado, si se los pusiera uno encima del otro, proyectarían su sombra por encima de todas las pirámides de la tierra.

Y sin embargo no fracasaré como los otros, puesto que en mis manos sostengo las cartas de marear que me guiarán a través de corrientes peligrosas hasta las playas que sólo ayer me parecían un sueño.

El fracaso no será mi recompensa por la lucha. Así como la naturaleza no ha hecho provisión alguna para que mi cuerpo tolere el dolor, tampoco ha hecho provisión para que mi vida sufra el fracaso. El fracaso, como el dolor, es ajeno a mi vida. En el pasado lo acepté como acepté el dolor. Ahora lo rechazo y estoy preparado para abrazar la sabiduría y los principios que me sacarán de las sombras para internarme en la luz resplandeciente de la riqueza, la posición y la felicidad, muy superiores a mis más extravagantes sueños hasta que aún las manzanas de oro en el jardín de las Hespérides no parecerán otra cosa que mi justa recompensa.

El tiempo le enseña todas las cosas a aquel que vive para siempre, pero no puedo darme el lujo de la eternidad. Y sin embargo dentro del tiempo que se me ha asignado debo practicar el arte de la paciencia, porque la naturaleza no procede jamás con apresuramiento. Para crear el olivo, el rey de todos los árboles, se requieren

EL VENDEDOR MÁS GRANDE

100 años. Una planta de cebolla es vieja después de 9 semanas. He vivido como una planta de cebolla. Pero no he estado conforme con ello. Ahora quisiera ser el más grande de los árboles de olivo, y en realidad el más grande de los vendedores.

¿Y cómo lo lograré? Porque no tengo ni los conocimientos ni la experiencia para alcanzar la grandeza, y ya he tropezado en ignorancia y caído en el charco de la compasión por mí mismo. La respuesta es sencilla. Comenzaré mi viaje sin el estorbo de los conocimientos innecesarios o la desventaja de una experiencia carente de significado. La naturaleza me ha proporcionado ya el conocimiento y el instinto muy superiores a los de cualquier bestia en el bosque; y a la experiencia se le ha asignado un valor exagerado, especialmente por los viejos que asienten sabiamente con la cabeza y hablan estúpidamente.

En realidad la experiencia enseña sistemáticamente, y sin embargo su curso de instrucción devora los años del hombre de manera que el valor de sus lecciones disminuye con el tiempo necesario para adquirir su sabiduría especial. Y al final se ha malgastado en hombres que han muerto. Además, la experiencia se compara con la moda. Una acción o medida que tuvo éxito hoy será irresoluble e impráctica mañana.

Solamente los principios perduran y éstos

poseo, porque las leyes que me conducirán a la grandeza figuran en las palabras de estos pergaminos. Me enseñarán más a evitar el fracaso que a alcanzar el éxito, porque ¿qué es el éxito sino un estado mental? ¿Qué dos personas, entre mil sabios, definirán el éxito con las mismas palabras? Y sin embargo el fracaso se describe siempre de la misma forma. *El fracaso es la incapacidad del hombre de alcanzar sus metas en la vida, cualesquiera que sean.*

En realidad, la única diferencia entre aquellos que han fracasado y aquellos que han tenido éxito reside en la diferencia de sus hábitos. Los buenos hábitos son la clave de todo éxito. Los malos hábitos son la puerta abierta al fracaso. De manera entonces que la primera ley que obedeceré, y que precede a todas las otras es la siguiente: *Me formaré buenos hábitos, y seré el esclavo de esos hábitos.*

Cuando era niño, era esclavo de mis impulsos, ahora soy esclavo de mis hábitos, como lo son todos los hombres crecidos. He rendido mi libre albedrío a los años de hábitos acumulados y las acciones pasadas de mi vida han señalado ya un camino que amenaza aprisionar mi futuro. Mis acciones son gobernadas por el apetito, la pasión, el prejuicio, la avaricia, el amor, temor, medio ambiente, hábitos, y el peor de estos tiranos es el hábito. Por lo tanto si tengo que ser esclavo de los hábitos, que sea esclavo de los buenos hábitos.

EL VENDEDOR MÁS GRANDE

Los malos hábitos deben ser destruidos y nuevos surcos preparados para la buena semilla.

Adquiriré buenos hábitos y me convertiré en su esclavo. ¿Y cómo realizaré esta difícil empresa? Lo haré por medio de estos pergaminos, porque cada uno contiene un principio que desalojará de mi vida un hábito malo y lo reemplazará con uno que me acerque al éxito. Porque hay otra ley de la naturaleza que dice que sólo un hábito puede dominar a otro. De manera que a fin de que estas palabras escritas cumplan la tarea para la cual han sido designadas, debo de disciplinarme a mí mismo y adquirir el primero de mis nuevos hábitos que es el siguiente: *Leeré cada pergamino durante 30 días en esta forma prescrita, antes de proceder a la lectura del pergamino siguiente.*

Primero, leeré las palabras en silencio cuando me levanto por la mañana. Luego leeré las palabras en silencio después de haber participado de la comida del mediodía. Finalmente leeré las palabras de nuevo antes de acostarme al finalizar el día, y aún más importante, en esta oportunidad leeré las palabras en alta voz.

Al día siguiente repetiré este procedimiento, y continuaré de esta manera durante 30 días. Luego empezaré el siguiente pergamino y repetiré este procedimiento durante otros treinta días. Continuaré de esta forma hasta que haya vivido con cada uno de los pergaminos durante 30 días y mi lectura se haya convertido en hábito.

¿Y qué realizaré mediante este hábito? Reside aquí el secreto oculto de todas las realizaciones del hombre. Al repetir diariamente las palabras, se convertirán pronto en parte integral de mi mente activa, pero aún más importante, se filtrarán también hasta la otra mente mía, ese misterioso venero que nunca duerme, que crea mis sueños, y con frecuencia me hace proceder en una forma que no comprendo.

A medida que las palabras de estos pergaminos son absorbidas por mi misteriosa mente, comenzaré a despertar, todas las mañanas, con una vitalidad que no he conocido nunca. Mi vigor aumentará, mi entusiasmo se acrecentará, mi deseo de enfrentarme con el mundo dominará a todos los temores que antes me asaltaban al amanecer, y seré más feliz de lo que jamás había pensado que fuese posible en este mundo de luchas y de dolor.

Finalmente, descubriré que reacciono ante todas las situaciones que me confrontan como los pergaminos me ordenaron que reaccionara, y pronto estas acciones y reacciones serán fáciles de realizar, porque todo acto se hace fácil con la práctica.

De manera entonces que nacerá un hábito nuevo y bueno, porque cuando un acto se hace fácil mediante la repetición constante se con-

vierte en un placer realizarlo, y si es un placer
realizarlo corresponde a la naturaleza del hombre el realizarlo con frecuencia. Cuando lo hago
con frecuencia se convierte en un hábito y yo me
convierto en su esclavo y puesto que éste es un
buen hábito, ésta es mi voluntad.

Hoy comienzo una nueva vida.

Y me hago un solemne juramento de que
nada retardará el crecimiento de mi nueva
vida. No interrumpiré ni un día estas lecturas
porque el día que pierda no podrá recobrarse
jamás ni podré substituirlo por otro. No debo
interrumpir, no interrumpiré este hábito de la
lectura diaria de estos pergaminos, y en realidad, los pocos momentos que pase todos los
días en este nuevo hábito serán un precio insignificante que tendré que pagar por la felicidad y el éxito que serán míos.

Y mientras leo y releo las palabras de los
pergaminos siguientes, no permitiré jamás que
la brevedad de cada pergamino ni la sim-
plicidad de sus palabras me lleven a tratar
livianamente el mensaje del pergamino. Miles
de uvas se prensan para llenar una botella de
vino y el hollejo y la pulpa son arrojados a los
pájaros. Así es con estas uvas de sabiduría de
los siglos. Mucho se ha filtrado y arrojado a los
vientos. Solamente la verdad pura yace des-
tilada en las palabras que vendrán. Beberé
según las instrucciones y no derramaré ni una

gota. Y la semilla del éxito ingeriré.

Hoy mi viejo pellejo se ha vuelto como polvo. Caminaré erguido entre los hombres y no me reconocerán, porque hoy soy un nuevo hombre, con una nueva vida.

Capítulo

Nueve

El pergamino número dos

Saludaré este día con amor en mi corazón. Porque éste es el secreto más grande del éxito en todas las empresas. La fuerza muscular podrá partir un escudo y aún destruir la vida, pero sólo el poder invisible del amor puede abrir el corazón del hombre, y hasta que no domine este arte no seré más que un mercachifle en el mercado. Haré del amor mi arma más poderosa y nadie a quien yo visite podrá defenderse de su fuerza.

Podrán contradecir mi razonamiento; podrán desconfiar de mis discursos; podrán desaprobar mi manera de vestir; podrán rechazar mi rostro; y hasta podrán sospechar de mis ofertas especiales; y sin embargo mi amor les derretirá el corazón, a igual que el sol cuyos rayos entibian la más fría arcilla.

Saludaré este día con amor en mi corazón.

EL VENDEDOR MÁS GRANDE

¿Y cómo lo haré? De aquí en adelante contemplaré todas las cosas con amor y naceré de nuevo. Amaré al sol porque me calienta los huesos; pero también amaré la lluvia porque purifica mi espíritu. Amaré la luz porque me señala el camino; pero también amaré la oscuridad porque me enseña las estrellas. Acogeré la felicidad porque engrandece mi corazón; pero también soportaré la tristeza porque descubre mi alma. Reconoceré la recompensa porque constituye mi pago; pero también daré acogida a los obstáculos porque constituyen para mi un desafío.

Saludaré este día con amor en mi corazón.

¿Y cómo hablaré? Elogiaré a mis enemigos y se convertirán en amigos míos. Animaré a mis amigos y se volverán mis hermanos. Ahondaré siempre en busca de razones para elogiar; nunca me allanaré a buscar excusas para el chisme. Cuando sienta la tentación de criticar, me morderé la lengua; cuando me sienta inspirado a elogiar, lo proclamaré a los cuatro vientos.

¿No sucede que los pájaros, el viento, el mar y la naturaleza toda hablan con la música de la alabanza para su creador? ¿No puedo acaso hablar con la misma música a sus hijos? De aquí en adelante recordaré este secreto que cambiará mi vida.

Saludaré este día con amor en mi corazón.

¿Y cómo procederé? Amaré a todas las clases

de hombres porque cada uno tiene cualidades dignas de ser admiradas aunque quizá estén ocultas. Derribaré la muralla de sospecha y de odio que han construido alrededor de sus corazones, y en su lugar edificaré puentes para llegar por ellos a sus almas.

Amaré al que tiene ambiciones porque podrá inspirarme; amaré a los que han fracasado porque pueden enseñarme. Amaré a los reyes porque son solamente humanos; amaré a los humildes porque son divinos. Amaré a los ricos porque sufren la soledad; amaré a los pobres porque son tantos. Amaré a los jóvenes por la fe a que se aferran; amaré a los ancianos por la sabiduría que comparten. Amaré a los hermosos por sus ojos de tristeza; amaré a los feos por sus almas saturadas de paz.

Saludaré este día con amor en mi corazón.

¿Pero cómo reaccionaré ante la conducta de los demás? Con amor. Porque así como el amor es el arma con la que me propongo abrir el corazón del hombre, el amor es también mi escudo para resistir los dardos de odio y las lanzas de ira. La adversidad y el desánimo azotarán cual huracán mi nuevo escudo, hasta quedar finalmente reducidos a fina lluvia. Mi escudo me protegerá en el mercado, me sostendrá cuando estoy solo. Me estimulará en momentos de desánimo, pero también me calmará en épocas de gozoso transporte. Con el uso se fortalecerá y me protegerá cada vez más, hasta que un día lo pondré a un lado y caminaré sin estorbos entre todos los hombres, y cuando lo haga, mi nombre será enarbolado bien alto en la pirámide de la vida.

Saludaré este día con amor en mi corazón.

¿Y cómo me enfrentaré con las personas con quienes me encuentro? De una sola manera. En silencio y en mi fuero interno me dirigiré a él y le diré que le amo. Aunque dichas en silencio estas palabras se reflejarán en mis ojos, serenarán mi frente, harán que una sonrisa se asome a mis labios, y harán eco en mi voz; y su corazón se abrirá. ¿Y quién es aquel que se negará a comprar mis mercancías cuando en su corazón sienta mi amor?

Saludaré este día con amor en mi corazón.

Y principalmente me amaré a mí mismo. Porque cuando lo hago, vigilaré celosamente todo lo que entra en mi cuerpo, mi mente, mi alma y mi corazón. Nunca jamás mimaré los apetitos de la carne, sino que más bien trataré mi cuerpo con limpieza y moderación. Nunca permitiré que mi mente sea atraída por el mal y la desesperación, sino que más bien la estimularé con los conocimientos y la sabiduría de los siglos. Nunca le permitiré a mi alma que se vuelva complaciente y satisfecha; por el contrario la alimentaré con la meditación y la oración. No permitiré nunca que mi corazón se empequeñezca o se amargue; sino más bien lo compartiré y crecerá y alegrará la tierra.

EL VENDEDOR MÁS GRANDE

Saludaré este día con amor en mi corazón.

De aquí en adelante amaré a toda la humanidad. Desde este momento todo el odio ha sido extraído de mis venas porque no tengo tiempo para odiar, sólo tengo tiempo para amar. Desde este momento doy el primer paso requerido para convertirme en un hombre entre los hombres. Con amor aumentaré mis ventas en un ciento por ciento y me convertiré en un gran vendedor. Aunque no posea otras cualidades, puedo alcanzar el éxito con el amor solamente. Sin el amor fracasaré aunque posea todos los conocimientos y habilidades del mundo.

Saludaré este día con amor, y tendré éxito.

Capítulo

Diez

El pergamino número tres

Persistiré hasta alcanzar el éxito.

En el Oriente los toros jóvenes son puestos a prueba en cierta forma para la corrida en la plaza. Estos toros son traídos a la plaza y se les deja atacar al picador que los pica con una lanza. La bravura de cada toro se calcula entonces con cuidado, según las veces que demostró su disposición de embestir a pesar de la picadura de la lanza. De aquí en adelante reconoceré que todos los días la vida me pone a prueba en igual forma. Si persisto, si sigo probando, si continúo embistiendo alcanzaré el éxito.

Persistiré hasta alcanzar el éxito.

En este mundo no nací en derrota, ni el fracaso corre por mis venas. No soy una oveja que espera ser aguijoneada por el pastor. Soy un león y me niego a hablar, a caminar o a dormir con las ovejas. Me abstendré de escuchar a aquellos que lloran y se quejan, porque la enfermedad es contagiosa. Que ellos se unan a las ovejas. El matadero del fracaso no es mi destino.

Persistiré hasta alcanzar el éxito.

Los premios de la vida se encuentran al fin de cada jornada, y no cerca del comienzo, y no me corresponde a mí saber cuántos pasos son necesarios a fin de alcanzar mi meta. Puede aún sobrecogerme el fracaso al dar mi milésimo paso, y sin embargo quizá el éxito se oculte detrás del siguiente recodo del camino. Jamás sabré cuán cerca estoy del éxito a menos que doble la curva.

Siempre daré un paso más. Si ése no es suficiente daré otro y aún otro. En realidad, un paso por vez no es muy difícil.

Persistiré hasta alcanzar el éxito.

De aquí en adelante consideraré el esfuerzo de cada día como un golpe de la hoja del hacha contra un poderoso roble. El primer golpe quizá ni cause temblor en el árbol, ni el segundo ni el tercero. Cada golpe en sí mismo quizá sea insignificante y al parecer sin consecuencia. Y sin embargo como resultado de golpes endebles, el roble finalmente se tumbará. Y así será con mis esfuerzos de hoy.

Se me comparará con las gotas de lluvia que finalmente se llevan la montaña; la hormiga que devora al tigre; la estrella que ilumina la tierra; el esclavo que construye una pirámide. Edificaré mi castillo usando un ladrillo por vez porque yo sé que los pequeños intentos, repetidos, completarán cualquier empresa.

Persistiré hasta alcanzar el éxito.

Jamás aceptaré la derrota y borraré de mi vocabulario palabras o frases como abandono, no puedo, imposible, irrealizable, improbable, fracaso, impráctico, sin esperanzas y retirada; porque son palabras de necios. Huiré de la desesperación, pero si esta enfermedad de la mente me atacara, seguiría trabajando en medio de la desesperación. Trabajaré y aguantaré. Pasaré por alto los obstáculos que se yerguen a mis pies, y mantendré los ojos fijos en las metas por encima de mi cabeza, porque sé que donde termina el árido desierto, crece la verde vegetación.

Persistiré hasta alcanzar el éxito.

Recordaré la antiquísima ley de los promedios y la adaptaré para mi beneficio.

Persistiré con la convicción de que cada vez que fracase en una venta, aumentarán las posibilidades de éxito en la tentativa siguiente. Toda vez que escuche un no, me aproximará al sonido de un sí. Toda vez que me encuentre con una mirada de desaprobación recordaré que sólo me prepara para la sonrisa que hallaré después. Cada desventura que me sobrevenga contendrá en sí la semilla de la buena suerte del mañana. Debo contemplar la noche para apreciar el día.

EL VENDEDOR MÁS GRANDE

Debo fracasar con frecuencia para tener éxito una sola vez.

Persistiré hasta alcanzar el éxito.

Persistiré, persistiré y persistiré de nuevo. Cada obstáculo que se me presente, lo consideraré como un mero rodeo en el camino que me lleva a la meta, y un desafío a mi profesión. Persistiré y desarrollaré mis habilidades como el marino desarrolla las suyas, aprendiendo a dominar la furia de cada tormenta.

Persistiré hasta alcanzar el éxito.

De aquí en adelante, aprenderé y aplicaré otro secreto de aquellos que sobresalen en su trabajo. Cuando haya terminado el día, sin tener en cuenta si ha sido un éxito o fracaso, procuraré realizar una venta más. Cuando mis pensamientos inviten a mi cansado cuerpo a retornar a la casa, resistiré la tentación de hacerlo. Trataré de realizar una venta más. Haré un intento más de cerrar el día con una victoria, y si ese intento fracasa haré otro. No permitiré jamás que ningún día termine en fracaso. De esta manera plantaré la semilla del éxito del mañana y lograré una ventaja insuperable sobre aquellos que cesan de trabajar a una hora prescripta. Cuando otros ponen fin a la lucha, la mía habrá comenzado, y mi cosecha será amplia.

Persistiré hasta alcanzar el éxito.

Ni permitiré tampoco que los éxitos del ayer me hagan caer en el sopor de la complacencia del hoy, puesto que ésta es el gran fundamento del fracaso. Me olvidaré de los acontecimientos del día que ha pasado, ya fuesen buenos o malos, y saludaré el nuevo día con confianza de que éste será el mejor día de mi vida.

Mientras haya hálito en mí, persistiré. Porque ahora sé uno de los grandes principios del éxito; si persisto lo suficiente alcanzaré la victoria. Persistiré, alcanzaré la victoria.

Capítulo

Once

El pergamino número cuatro

Soy el milagro más grande de la naturaleza.

Desde el comienzo del mundo, nunca ha existido otro con mi mente, mi corazón, mis ojos, mis oídos, mis manos, mi cabello, mi boca. Nadie ha podido, ni puede ni podrá caminar y andar y moverse y pensar exactamente como yo. Todos los hombres son hermanos míos y sin embargo soy diferente de cada uno de ellos. Soy una criatura única.

Soy el milagro más grande de la naturaleza.

Aunque figuro en el reino animal, lo animal solamente no me satisfará. Dentro de mí arde una llama que ha pasado a través de incontables generaciones, y su calor constituye un constante incentivo para mi espíritu de ser mejor de lo que soy y lo seré. Avivaré esta llama de la disconformidad y proclamaré mi singularidad ante el mundo.

Nadie puede manejar el pincel ni el cincel como yo; nadie puede imitar exactamente mi caligrafía; nadie podrá engendrar a mi hijo y en realidad nadie tiene la habilidad de vender exactamente como yo. De aquí en adelante, me aprovecharé de esta diferencia puesto que es un factor que debo promover hasta lo sumo.

Soy el milagro más grande de la naturaleza.

No haré más intentos vanos de imitar a otros. En cambio exhibiré mi singularidad en el mercado. La proclamaré, sí la venderé. Comenzaré ahora a acentuar mis diferencias; a ocultar mis similitudes. Así también aplicaré este principio a las mercancías que vendo. Un vendedor y su mercancía, diferente de todos los demás, y orgulloso de la diferencia.

Soy un ser único de la naturaleza.

Soy una cosa rara, y existe valor en todo lo raro; por lo tanto soy de valor. Soy el resultado de miles de años de progreso; por lo tanto estoy mejor equipado, tanto mental como corporalmente, que todos los emperadores y sabios que me precedieron.

Pero mi habilidad, mi mente, mi corazón y mi cuerpo se estancarán, se corromperán y morirán a menos que les dé buen uso. Tengo un potencial ilimitado. Empleo solamente una pequeña porción de mi cerebro; ejercito solamente una ínfima porción de mis músculos. Puedo mejorar en un ciento por ciento más mis éxitos de ayer, y esto haré, a comenzar desde hoy.

Nunca jamás quedaré satisfecho con los éxitos del ayer, ni me entregaré tampoco a la alabanza personal por hechos que en realidad son demasiado pequeños para aún ser reconocidos. Puedo realizar mucho más de lo que he realizado y lo haré, porque ¿por qué razón el milagro que me produjo debe terminar con mi nacimiento? ¿Por qué no puedo extender ese milagro a mis hechos de hoy?

Soy el milagro más grande de la naturaleza.

No estoy de casualidad en esta tierra. Estoy aquí con un propósito, y ese propósito es crecer hasta convertirme en montaña, y no encogerme hasta parecer un grano de arena. De aquí en adelante concentraré todos mis esfuerzos a transformarme en la montaña más elevada de todas, y exigiré a mi potencial hasta que me pida tregua.

Acrecentaré mis conocimientos de la humanidad, de mí mismo, y de las mercancías que venda, de manera que mis ventas se multiplicarán. Practicaré y mejoraré y puliré las palabras que pronuncio para vender mis mercancías, porque éste es el cimiento sobre el cual edificaré

EL VENDEDOR MÁS GRANDE

mi carrera y nunca me olvidaré que muchos han alcanzado grandes riquezas y éxito mediante un solo discurso de ventas pronunciado con excelencia. Asimismo procuraré constantemente mejorar mis modales y atractivos, puesto que son el azúcar hacia la cual todos son atraídos.

Soy el milagro más grande de la naturaleza.

Concentraré todas mis energías a hacer frente al desafío del momento, y mis actos contribuirán a que me olvide de todo lo demás. Los problemas de mi casa los dejaré en casa. No pensaré en mi familia cuando estoy en el mercado, porque esto ensombrecerá mis pensamientos. De igual manera los problemas inherentes al mercado serán dejados en el mercado y no pensaré en mi profesión cuando estoy en mi casa, puesto que esto apagará mi amor.

No hay lugar en el mercado para mi familia, ni hay lugar tampoco en mi casa para el mercado. Divorciaré al uno del otro y de esta manera permaneceré unido a ambos. Deben permanecer separados o morirá mi carrera. Esta es la paradoja de los siglos.

Soy el milagro más grande de la naturaleza.

Se me han dado ojos para que vea y una mente para que piense y ahora sé un gran secreto de la vida porque percibo por fin que todos mis problemas, mis desánimos y sufrimientos son en realidad grandes oportunidades veladas. Nunca me engañaré por el disfraz que lleven, porque mis ojos están abiertos. Miraré más allá del disfraz y no seré engañado.

Soy el milagro más grande de la naturaleza.

Ni las bestias, ni las plantas, ni el viento, ni la lluvia, ni las rocas, ni los lagos tuvieron el mismo comienzo que yo, porque fui concebido con amor y traído a este mundo con un propósito. En el pasado no consideré esta verdad, pero desde ahora en adelante le dará forma a mi vida y la guiará.

Soy el milagro más grande de la naturaleza.

Y la naturaleza no conoce derrota. Con el tiempo, emerge victoriosa, y así lo haré yo, y con cada victoria la próxima lucha no será tan difícil.

Venceré, y me convertiré en un gran vendedor, puesto que soy único, singular.

Soy el milagro más grande de la naturaleza.

Capítulo

Doce

El pergamino número cinco

Viviré este día como si fuese el último día de mi vida.

¿Y qué haré con este último día de valor incalculable que me queda? Primero, sellaré el contenido de la vida de manera que ni una gota se derrame sobre la arena. No perderé ni un momento siquiera en lamentarme por las desgracias del ayer, las derrotas del ayer, los sufrimientos del ayer, porque ¿por qué debo desperdiciar lo que es bueno en lo malo?

¿Puede la arena deslizarse hacia arriba en el reloj? ¿Saldrá el sol donde se pone y se pondrá donde sale? ¿Puedo vivir de nuevo los errores del ayer y corregirlos? ¿Puedo hacer que retornen las heridas del ayer y sanarlas? ¿Puedo volverme más joven que ayer? ¿Puedo desdecirme del mal que he hablado, anular los

EL VENDEDOR MÁS GRANDE

golpes que he asestado, el dolor que he provocado? No, el ayer ha quedado sepultado para siempre y no pensaré más en él.

Viviré hoy como si fuera el último día de mi existencia.

¿Y qué haré entonces? Olvidándome del ayer, no pensaré tampoco en el mañana. ¿Por qué arrojaré el *ahora* detrás del *quizá?* ¿Puede la arena del mañana correr por el reloj antes que la de hoy? ¿Nacerá el sol dos veces esta mañana? ¿Puedo realizar las tareas del mañana mientras me hallo en la senda del hoy? ¿Puedo poner el oro del mañana en la bolsa del hoy? ¿Puede el niño del mañana nacer hoy? ¿Puede la muerte que se producirá mañana proyectar hacia atrás su sombra y oscurecer el gozo de hoy? ¿Debo preocuparme de acontecimientos que quizá nunca contemple? ¿Debo atormentarme con problemas que tal vez nunca ocurran? ¡No! El mañana yace sepultado con el ayer, y no pensaré más en él. Viviré este día de mi existencia.

Este día es todo lo que tengo, y estas horas son ahora mi eternidad. Saludo este amanecer con exclamaciones de gozo, como un preso a quien se le conmuta la sentencia de muerte. Elevo mis brazos con agradecimiento por este don inapreciable de un nuevo día. Así también me golpearé el pecho con gratitud al considerar a todos los que saludaron la salida del sol del ayer y que hoy no figuran entre los vivos. Soy en realidad un hombre afortunado, y las horas de hoy constituyen algo extra, inmerecido. ¿Por qué se me ha permitido vivir este día extra, cuando otros, mucho mejores que yo, han muerto? ¿Será acaso que han cumplido su propósito mientras que el mío está aún inconcluso? ¿Es ésta otra oportunidad de convertirme en el hombre que yo sé que puedo ser? ¿Existe un propósito en la naturaleza? ¿Es éste mi día para distinguirme?

Viviré este día como si fuese el último de mi existencia.

Tengo tan sólo una vida, y la vida nada es sino una medida del tiempo. Cuando malgasto una destruyo al otro. Si malgasto el hoy destruyo la última página de mi vida. Por lo tanto, trataré con ternura y afecto cada hora, porque no retornará jamás. No puede conservarse hoy para ser usado mañana, ¿quién puede atrapar al viento? Asiré con ambas manos cada minuto de este día y lo acariciaré con afecto puesto que su valor es incalculable. ¿Qué hombre moribundo puede comprar el hálito de otro aunque esté dispuesto a dar por él todo su oro? ¿Qué valor asignaré a las horas que me quedan? Las consideraré inapreciables.

Viviré este día como si fuese el último de mi existencia.

Eludiré con ahinco a todo aquello que mata el tiempo. A la indecisión destruiré con la acción; sepultaré las dudas bajo la fe; el temor destruiré con la confianza. No escucharé a los labios ociosos; no me quedaré donde hay manos ociosas; a personas ociosas no visitaré. De aquí en adelante sabré que el cortejar la ociosidad equivale a robar alimentos, ropas y calor de aquellos a quienes amamos. No soy ladrón. Soy un hombre que siente cariño en su corazón y hoy es mi última oportunidad de demostrar mi cariño y mi grandeza.

Viviré este día como si fuese el último de mi existencia.

Los deberes de hoy cumpliré hoy. Hoy acariciaré a mis hijos mientras son niños aún; mañana se habrán ido, y yo también. Hoy abrazaré a mi mujer y la besaré dulcemente; mañana ya no estará ni yo tampoco; hoy le prestaré ayuda al amigo necesitado; mañana ya no clamará pidiendo ayuda, ni tampoco yo podré oír su clamor. Hoy me sacrificaré y me consagraré al trabajo; mañana no tendré nada que dar, y no habrá nada que recibir.

Viviré este día como si fuese el último de mi existencia.

Y si es mi último día, será mi monumento más grande. Este día haré el mejor de mi vida. Este día aprovecharé los minutos hasta su máximo. Lo saborearé y daré gracias. Aprovecharé todas las horas y a los minutos canjearé solamente por algo de valor. Trabajaré con más ahinco que nunca y exigiré a mis músculos hasta que pidan el alivio, y aún así continuaré. Haré más visitas que nunca. Venderé más mercancías que nunca. Ganaré más oro que nunca. Cada minuto de hoy será más fructífero y fecundo que las horas de ayer. Mi último día deberá ser mi mejor día.

Viviré este día como si fuese el último de mi existencia.

Y si no lo es, caeré de rodillas y daré gracias.

Capítulo

Trece

El pergamino número seis

Hoy seré dueño de mis emociones.

La marea sube; la marea baja. Pasa el invierno y llega el verano. Declina el verano y aumenta el frío. El sol sale; el sol se pone. La luna está llena; la luna es negra. Llegan los pájaros; y luego parten. Florecen las flores; las flores se marchitan. Se siembra la semilla; se recoge la cosecha. La naturaleza toda es un ciclo de estados de ánimo y yo soy parte de la naturaleza, y así como la marea, subirán mis estados de ánimo; mis estados de ánimo bajarán.

Hoy seré dueño de mis emociones.

Es una de las estratagemas de la naturaleza, escasamente comprendida, que cada día amanezco con estados de ánimo que han cambiado desde ayer. El gozo de ayer se convertirá en la tristeza de hoy; sin embargo la tristeza de hoy pasará a ser el gozo del mañana. Dentro de mí hay una rueda, que cambia constantemente de la tristeza al gozo, de los transportes de alegría a la depresión, de la felicidad a la melancolía. A igual que las flores, los capullos de gozo de hoy se marchitarán y abatirán, y sin embargo recordaré que las flores secas de hoy llevan la semilla del pimpollo del mañana; así también la tristeza de hoy contiene la simiente del gozo del mañana.

Hoy seré dueño de mis emociones.

¿Y cómo dominaré estas emociones a fin de que cada día sea productivo? Porque a menos que mi estado de ánimo sea el correcto, mi vida será un fracaso. Los árboles y las plantas dependen del tiempo para florecer, pero yo elaboro mi propio tiempo, que digo, lo llevo conmigo. Pero si yo les ofrezco a mis clientes lluvia y lobreguez y tinieblas y pesimismo, reaccionarán con tristeza, tinieblas y pesimismo y no me comprarán nada. Si les ofrezco gozo y entusiasmo y claridad y alegría a mis clientes, reaccionarán con gozo y entusiasmo, claridad y alegría, y mi tiempo me producirá una cosecha de ventas y un granero de oro.

Hoy seré dueño de mis emociones.

¿Y cómo dominaré a mis emociones a fin de que todos los días sean días felices y productivos? Aprenderé este secreto de los siglos: *Débil es aquel que permite que sus pensamientos con-*

EL VENDEDOR MÁS GRANDE

trolen sus acciones; fuerte es aquel que compele a sus acciones que controlen sus pensamientos. Todos los días cuando despierto seguiré este plan de batalla antes de ser capturado por las fuerzas de la tristeza, de la auto-compasión y del fracaso—

Si me siento deprimido cantaré.

Si me siento triste reiré.

Si me siento enfermo redoblaré mi trabajo.

Si siento miedo me lanzaré adelante.

Si me siento inferior vestiré ropas nuevas.

Si me siento inseguro levantaré la voz.

Si siento pobreza pensaré en la riqueza futura.

Si me siento incompetente recordaré éxitos del pasado.

Si me siento insignificante recordaré mis metas.

Hoy seré dueño de mis emociones.

De aquí en adelante, sabré que sólo aquellos con habilidad inferior podrán estar siempre a su nivel más alto, y yo no soy inferior. Habrá días cuando tenga que luchar constantemente contra fuerzas que me desgarrarían. Aunque el desánimo y la tristeza son fáciles de reconocer, hay otros que se nos aproximan con una sonrisa y con un amistoso apretón de manos pero también pueden destruirnos. Contra ellos, también, debo estar siempre alerta—

Si se apodera de mí la confianza excesiva, recordaré mis fracasos.

Si me siento inclinado a entregarme con exceso a la buena vida, recordaré hambres pasadas.

Si siento complacencia, recordaré mis competidores.

Si disfruto de momentos de grandeza, recordaré momentos de vergüenza.

Si me siento todopoderoso, procuraré detener el viento.

Si alcanzo grandes riquezas, recordaré una boca hambrienta.

Si me siento orgulloso en exceso, recordaré un momento de debilidad.

Si pienso que mi habilidad no tiene igual, contemplaré las estrellas.

Hoy seré dueño de mis emociones.

Y con este nuevo conocimiento comprenderé también y reconoceré los estados de ánimo de aquel a quien visite. Toleraré su enojo y su irritación de hoy porque no sabe el secreto de dominar su mente. Puedo resistir sus saetas e insultos porque ahora sé que mañana cambiará y será un gozo visitarlo.

No juzgaré más a un hombre por una sola

visita; no dejaré jamás de visitar de nuevo mañana a aquel que hoy me demuestra odio. Hoy no comprará carrozas de oro por un centavo, y sin embargo mañana canjeará su casa por un árbol. El conocimiento que tengo de este secreto será la llave que me abre las puertas de la riqueza.

Hoy seré dueño de mis emociones.

De aquí en adelante reconoceré e identificaré el misterio de los estados de ánimo de toda la humanidad, y en mí. Desde este momento estoy preparado para dominar cualquier tipo de personalidad que se despierta en mí todos los días. Dominaré mis estados de ánimo mediante una acción positiva, y cuando haya dominado mis estados de ánimo, controlaré mi destino.

Hoy controlo mi destino, y mi destino es el de convertirme en el vendedor más grande del mundo.

Seré dueño de mí mismo.

Seré grande.

Capítulo

Catorce

El pergamino número siete

Me reiré del mundo.

Ningún ser viviente puede reírse, con la excepción del hombre. Los árboles tal vez se desangren cuando son heridos, y las bestias del campo se quejarán de dolor y de hambre, y sin embargo sólo yo tengo el don de la risa y es un don que puedo usar cuando quiero. De aquí en adelante cultivaré el hábito de la risa.

Sonreiré y mi digestión mejorará; me reiré y mis cargas serán aliviadas; me reiré y mi vida será alargada, porque éste es el gran secreto de la larga vida y es ahora mío.

Me reiré del mundo.

Y especialmente, me reiré de mí mismo porque el hombre es lo más cómico cuando se toma demasiado en serio. Nunca caeré en esta trampa de la mente. Porque aunque sea el más grande milagro de la naturaleza, ¿no soy aún un mero grano de arena sacudido por los vientos del tiempo? ¿Sé en realidad de dónde vine y a dónde voy? ¿Mi preocupación por este día no parecerá necia dentro de diez años? ¿Por qué permitiré que los acontecimientos insignificantes del hoy me perturben? ¿Qué puede acontecer antes de que se ponga este sol que no parecerá insignificante en el río de los siglos?

Me reiré del mundo.

¿Y cómo me reiré cuando me confronta un hombre o acciones que me ofenden y que provocan mis lágrimas y maldiciones? Tres palabras aprenderé a repetir hasta que se conviertan en un hábito tan fuerte que inmediatamente aparecerán en mi mente siempre que el buen humor amenace apartarse de mí. Estas palabras, transmitidas por los antiguos, me harán triunfar en la adversidad y mantendrán mi vida en equilibrio. Estas tres palabras son: *Esto pasará también.*

Me reiré del mundo.

Porque todas las cosas mundanales cesarán. Cuando me sienta profundamente acongojado me consolaré pensando que esto pasará también; cuando me sienta orgulloso del éxito me advertiré que esto pasará también. Cuando me sienta oprimido por la pobreza me diré que esto pasará también; cuando esté agobiado de riquezas recordaré que esto pasará también. Ciertamente, ¿dónde está aquel que edificó la pirámide? ¿No está sepultado dentro de sus piedras? ¿Y la pirámide algún día no quedará sepultada bajo la arena? ¿Si todas estas cosas pasarán, por qué debo preocuparme del hoy?

Me reiré del mundo.

Pintaré este día con risas; pondré marco a esta noche con una canción. Nunca trabajaré para ser feliz; más bien trabajaré con ahinco para no estar triste. Disfrutaré hoy de la felicidad de hoy. No es grano para ser almacenado en una caja. No es vino a guardarse en una vasija. No puede conservarse para mañana. Debe sembrarse y cosecharse el mismo día y esto haré de hoy en adelante.

Me reiré del mundo.

Y con mi risa todas las cosas quedarán reducidas a su justa medida. Me reiré de mis fracasos y se desvaneceran en nubes de nuevos sueños; me reiré de mis éxitos y quedarán reducidos a su verdadero valor. Me reiré del mal, que sucumbirá sin ser probado. Me reiré de la bondad, y ésta prosperará y abundará. El día será triunfante sólo cuando mis sonrisas provoquen sonrisas en otros, y esto lo hago por interés, porque aquellos a quienes les hago mal gesto no compran mis mercancías.

Me reiré del mundo.

De aquí en adelante derramaré solamente lágrimas de sudor, porque las lágrimas que nacen de la tristeza, del remordimiento, de la frustración no tienen valor en el mercado, mientras que cada sonrisa puede ser canjeada por oro y cada palabra bondadosa, hablada desde el corazón, puede edificar un castillo.

Nunca permitiré que me vuelva tan importante, tan sabio, tan grave y reservado, tan poderoso, que me olvide de reírme de mí mismo y de mi mundo. En este asunto seguiré siempre siendo un niño, porque solamente como un niño se me ha otorgado la habilidad de admirar a los demás; y mientras admire a otro nunca me formaré una opinión excesiva de mí mismo.

Me reiré del mundo.

Y mientras pueda reírme no seré jamás pobre. Este es entonces uno de los mayores dones de la naturaleza, y no lo malgastaré más. Solamente con la risa y la felicidad puedo convertirme en un verdadero éxito. Sólo con la risa y la felicidad puedo disfrutar de los frutos de mi trabajo. Si no fuera así, sería mejor que fracasara, porque la felicidad es el vino que afina el gusto de la comida. Para disfrutar del éxito debo tener felicidad, y la risa será la doncella que me sirve.

Seré feliz; tendré éxito; seré el más grande vendedor que el mundo ha conocido.

Capítulo

Quince

El pergamino número ocho

Hoy multiplicaré mi valor en un ciento por ciento.

Una hoja de morera tocada por el genio del hombre se convierte en seda. Un campo de arcilla tocado por el genio del hombre se convierte en un castillo.

Un ciprés tocado por el genio del hombre se convierte en un santuario. Un vellón de lana tocado por el genio del hombre se convierte en un manto para un rey.

Y si es posible que las hojas y la arcilla y la madera y la lana multipliquen su valor en un ciento por ciento, qué digo, en un mil por el hombre, ¿no puedo hacer lo mismo con la arcilla que lleva mi nombre?

Hoy multiplicaré mi valor en un ciento por ciento.

EL VENDEDOR MÁS GRANDE

Soy como el grano de trigo a quien le confrontan tres futuros. El trigo puede ser puesto en una bolsa y arrojado en un chiquero para alimentar a los puercos. O puede molerse y convertirse en harina y luego en pan. O puede sembrarse en la tierra a fin de que crezca hasta que sus espigas de oro produzcan mil granos de uno.

Soy como un grano de trigo, con una diferencia. El trigo no puede escoger ser de alimento para los puercos, molido para el pan, o plantado para que se multiplique. Yo tengo la facultad de elección y no permitiré que mi vida sea alimento de los puercos ni dejaré que sea molida bajo las piedras del fracaso y la desesperación, y así quebrantado, ser devorado por la voluntad de otros.

Hoy multiplicaré mi valor en un ciento por ciento.

Para que crezca y se multiplique es necesario plantar el grano de trigo en la oscuridad de la tierra, y mi fracaso, mi desesperación, mi ignorancia y mis inhabilidades son la oscuridad en la cual he sido plantado a fin de madurar. Ahora, como el grano de trigo que brotará y fructificará solamente si es nutrido por la lluvia y el sol y los vientos tibios, yo también debo nutrir mi cuerpo y mi mente para cumplir mis sueños. Pero para crecer hasta llegar a su plenitud el trigo debe esperar los caprichos de la naturaleza. Pero yo no necesito esperar porque tengo el poder para escoger mi propio destino.

Hoy multiplicaré mi valor en un ciento por ciento.

¿Y cómo lograré esto? Primeramente fijaré metas para el día, la semana, el mes, el año y mi vida. Así como la lluvia debe caer antes de que el grano de trigo rompa su cáscara y germine, así yo también debo tener metas y objetivos para que mi vida cristalice. Al fijarme metas recordaré mis mejores trabajos del pasado y los multiplicaré en un ciento por ciento. Este será el nivel según el cual viviré en el futuro. Nunca me preocuparé de que mis metas sean demasiado elevadas, puesto que ¿no es mejor acaso apuntar mi lanza a la luna y herir solamente a un águila que apuntar mi lanza al águila y pegarle solamente a una roca?

Hoy multiplicaré mi valor en un ciento por ciento.

La magnitud de mis metas no me asombrará aunque quizá tropiece antes de alcanzarlas. Si tropiezo me levantaré de nuevo y mis caídas no me preocuparán porque todos los hombres deben de tropezar con frecuencia antes de llegar a su hogar. Sólo el gusano está libre de la preocupación de tropezar. Y yo no soy gusano. No soy una cebolla tampoco. No soy una oveja. Soy hombre. Que otros construyan una cueva con su arcilla. Por mi parte construiré un castillo con la mía.

EL VENDEDOR MÁS GRANDE

Hoy multiplicaré mi valor en un ciento por ciento.

Y así como el sol debe calentar la tierra a fin de producir la plantita de trigo, así también las palabras de estos pergaminos calentarán mi vida y convertirán mis sueños en realidad. Hoy sobrepasaré toda acción que realicé ayer. Subiré a la montaña de hoy con toda la habilidad que tengo, y sin embargo mañana subiré más alto que hoy, y el día siguiente más alto que ayer. El sobrepasar los hechos de los otros carece de importancia; el sobrepasar mis propios hechos es lo que significa todo.

Hoy multiplicaré mi valor en un ciento por ciento.

Y así como el viento caliente hace madurar el trigo, los mismos vientos llevarán mi voz a aquellos que me escucharán y mis palabras les anunciarán mis metas. Una vez pronunciado, no me atrevo a revocar lo que he dicho por temor a la humillación. Seré como mi propio profeta, y aunque todos se rían de mis declaraciones, oirán mis planes, conocerán mis sueños. Y de esta manera no habrá escape para mí hasta que mis palabras se conviertan en hechos realizados.

Hoy multiplicaré mi valor en un ciento por ciento.

No cometeré el terrible crimen de apuntar demasiado bajo.

Realizaré la labor que un fracasado no realizará.

EL VENDEDOR MÁS GRANDE

Siempre extenderé mi brazo más allá de lo que está a mi alcance.

No quedaré nunca contento con mi actuación en el mercado.

Siempre ampliaré mis metas tan pronto como las haya alcanzado.

Procuraré siempre hacer que la próxima hora sea mejor que ésta.

Proclamaré siempre mis metas al mundo.

Y sin embargo, nunca proclamaré mis éxitos. Que el mundo en cambio se me acerque con alabanza y que tenga yo la sabiduría de recibirlo con humildad.

Hoy multiplicaré mi valor en un ciento por ciento.

Un grano de trigo cuando se multiplica en un ciento por ciento producirá cien tallos. Multiplique éstos en un ciento por ciento, diez veces, y alimentarán a todas las ciudades del mundo. ¿No soy yo más que un grano de trigo?

Hoy multiplicaré mi valor en un ciento por ciento.

Y cuando haya realizado esto, lo repetiré de nuevo, y de nuevo, y se producirá el asombro a la maravilla ante mi grandeza, en circunstancias que las palabras de estos pergaminos se cumplen en mí.

Capítulo

Dieciséis

El pergamino número nueve

Mis sueños carecen de valor alguno, mis planes son como el polvo, mis metas son imposibles.

Todo ello carece de valor a menos que sea seguido de la acción.

Procederé ahora mismo.

Jamás ha existido un mapa, por muy exactos que hayan sido los detalles y la escala, que transportara a su dueño un centímetro de distancia. Jamás ha existido un documento jurídico, por justo que fuese, que haya impedido un crimen. Jamás ha existido un pergamino, aún como el que yo sostengo ahora, que se haya ganado un centavo, o producido una sola palabra de aclamación. Solamente la acción es la chispa que enciende el mapa, el documento, este pergamino, mis sueños, mis planes, mis metas, hasta convertirlos en una fuerza viviente. La acción es mi alimento y bebida que nutrirá mi éxito.

Procederé ahora mismo.

La demora que me ha retrasado fue hija del temor y ahora reconozco este secreto, extraído de las profundidades de corazones valientes. Ahora sé que para conquistar el temor debo siempre proceder sin vacilación y los estremecimientos de mi corazón desaparecerán. Y ahora sé que la acción reduce al león del terror a una hormiga de ecuanimidad.

Procederé ahora mismo.

De aquí en adelante, recordaré la lección de la luciérnaga que proyecta su luz solamente cuando vuela, solamente cuando está en acción. Me convertiré en luciérnaga y aún durante el día se verá mi resplandor a pesar del sol. Que otros sean como las mariposas que se acicalan las alas, y que sin embargo dependen de la caridad de una flor para vivir. Seré como una luciérnaga y mi luz iluminará el mundo.

Procederé ahora mismo.

No eludiré las tareas de hoy ni las postergaré para mañana, porque sé que el mañana nunca llega. Déjenme proceder ahora aunque mis acciones no traigan la felicidad o el éxito, porque es mejor proceder y fracasar que quedarse inactivo y salir del paso a duras penas. La felicidad, en realidad, quizá no sea el fruto arrancado mediante mi acción, y sin embargo sin la acción todo fruto morirá en su tallo.

Procederé ahora mismo.

Procederé ahora mismo. Procederé ahora mismo. Procederé ahora mismo. De aquí en adelante, repetiré estas palabras constantemente, cada hora, cada día, todos los días, hasta que las palabras se conviertan en un hábito como el respirar y las acciones que sigan sean algo tan instintivo como el pestañear. Con estas palabras puedo preparar la mente para realizar todo acto necesario para mi éxito; con estas palabras puedo preparar la mente para hacer frente a todo desafío que el fracasado elude.

Procederé ahora mismo.

Repetiré estas palabras una vez tras otra. Las pronunciaré cuando despierte al saltar de mi cama, mientras el fracasado duerme una hora más.

Procederé ahora mismo.

Cuando entre al mercado las pronunciaré e inmediatamente confrontaré a mi primer cliente, mientras el fracasado medita con detenimiento sobre la posibilidad de que se lo desaire.

Procederé ahora mismo.

Cuando me encuentre frente a una puerta cerrada, las pronunciaré, y luego llamaré mientras que el fracasado espera afuera con temor y temblor.

Procederé ahora mismo.

Las pronunciaré cuando me confronte la

tentación, y procederé de inmediato para sacarme a mí mismo del mal.

Procederé ahora mismo.

Cuando esté tentado a abandonar la lucha para comenzar mañana, pronunciaré estas palabras y procederé de inmediato a consumar otra venta.

Procederé ahora mismo.

Solamente la acción determina mi valor en el mercado, y para multiplicar mi valor multiplicaré mi acción. Transitaré allí donde el fracasado teme andar. Trabajaré cuando el fracasado busque descanso. Hablaré cuando el fracasado permanece en silencio. Visitaré a diez personas que pueden comprar mis mercancías, mientras que el fracasado se formula planes grandiosos para visitar a uno solo. Afirmaré que la labor está cumplida antes que el fracasado diga que es demasiado tarde.

Procederé ahora mismo.

Porque el ahora es todo lo que tengo. Mañana es el día reservado para el trabajo de los haraganes. Yo no soy haragán. Mañana es el día cuando lo malo se vuelve bueno. Yo no soy malo. Mañana es el día cuando el débil se vuelve fuerte. Yo no soy débil. Mañana es el día cuando el fracasado tendrá éxito. Yo no soy un fracasado.

Procederé ahora mismo.

Cuando el león siente hambre, come. Cuando el águila siente sed, bebe. Si no procedieran, si no actuaran, ambos morirían.

Yo siento la sed del éxito. Siento sed de felicidad y de paz mental. Si no procedo, si no actúo, pereceré en una vida de fracaso, de miseria, de noches de insomnio.

Impartiré órdenes y obedeceré mis propias órdenes.

Procederé ahora mismo.

El éxito no esperará. Si demoro, será como una novia que se casará con otro y la perderé para siempre. Ahora es el momento oportuno, éste es el lugar, yo soy el hombre.

Procederé ahora mismo.

Capítulo

Diecisiete

El pergamino número diez

¿Qué hombre tiene tan poca fe que en un momento de gran desastre y de angustia no ha invocado a su Dios? ¿Quién no ha clamado cuando se ha visto confrontado con el peligro, la muerte, o un misterio superior a su comprensión o experiencia normal? ¿de dónde procede este profundo instinto, que se expresa por la boca de todos los seres vivientes en momentos de peligro?

Agite la mano rápidamente ante los ojos de alguno, y sus párpados pestañearán. Déle a otro un golpecito en la rodilla y la pierna dará un salto. Confronte a otro con una historia de horror y sus labios dirán: "Dios mío", en virtud del mismo impulso.

Mi vida no tiene que estar saturada de religión para reconocer este gran misterio de la naturaleza. Todos los seres que andan por la tierra, incluso el hombre, poseen el instinto de clamar pidiendo ayuda. ¿Por qué es que poseemos este instinto, este don?

¿No son nuestros clamores una forma de oración? ¿No sería incomprensible, en un mundo gobernado por las leyes de la naturaleza, otorgar a un cordero o a una mula, o a un pajarillo o al hombre el instinto de clamar pidiendo ayuda, si alguna mente superior no hubiese también determinado que el clamor fuese escuchado por un poder superior con la habilidad de escuchar y de responder a nuestro clamor? De aquí en adelante oraré, pero mis clamores pidiendo ayuda serán solamente clamores pidiendo dirección.

Nunca oraré pidiendo las cosas materiales de este mundo. No estoy llamando a un sirviente para que me traiga alimentos. No le estoy ordenando a un fondista o mesonero para que me proporcione habitación. No pediré jamás que se me otorgue oro, o amor, o buena salud, o victorias mezquinas, o la fama, o el éxito o la felicidad. Sólo oraré por directivas y orientaciones, a fin de que se me señale el camino para adquirir estas cosas, y mi oración será contestada siempre.

Quizá recibiré la dirección y orientación que busco, o tal vez no, pero ¿no son estas dos cosas una respuesta? Si el niño le pide pan a su

EL VENDEDOR MÁS GRANDE

padre, y el padre no se lo da, ¿no le ha respondido el padre?

Oraré pidiendo directivas y orientación, y oraré como un vendedor de esta manera—

Oh creador de todas las cosas, ayúdame. Porque hoy me interno en el mundo desnudo y solo, y sin tu mano que me guíe me extraviaré del camino que conduce al éxito y a la felicidad.

No pido ni oro ni ropas ni aún las oportunidades en consonancia con mi habilidad; en cambio guíame a fin de que adquiera habilidad para aprovechar mis oportunidades.

Tú le has enseñado al león y al águila cómo cazar y prosperar con sus dientes y sus garras. Enséñame a cazar con palabras y a prosperar con amor para que sea un león entre los hombres y águila en el mercado.

Ayúdame a permanecer humilde en los obstáculos y fracasos; sin embargo, no ocultes de mi vista el premio que acompañará a la victoria.

Asígname tareas en cuyo desempeño otros hayan fracasado; sin embargo guíame a fin

EL VENDEDOR MÁS GRANDE

de que pueda arrancar las semillas del éxito de entre sus fracasos. Confróntame con temores que me templen el espíritu; sin embargo, concédeme el valor para reírme de mis dudas.

Dame un número suficiente de días para alcanzar mis metas; y sin embargo ayúdame para vivir hoy como si fuera mi último día.

Guíame en mis palabras a fin de que produzcan frutos. Sin embargo sella mis labios para que no diga chismes y nadie sea calumniado.

Disciplíname a fin de que adquiera el hábito de no cejar nunca; sin embargo señálame la forma de usar la ley de los promedios. Hazme alerta a fin de reconocer la oportunidad; y sin embargo otórgame paciencia que concentrará mis fuerzas.

Báñame en buenos hábitos a fin de que los malos se ahoguen; sin embargo concédeme compasión para las debilidades de los hombres. Déjame saber que todo pasará; sin embargo ayúdame a contar mis bendiciones de hoy.

EL VENDEDOR MÁS GRANDE

Exponme ante el odio a fin de que no me sea extraño; sin embargo llena mi copa de amor a fin de que pueda convertir a los extraños en amigos.

Pero que todas estas cosas sean así si es tu voluntad. Soy tan sólo un pequeño y solitario grano de uva que se aferra a la viña, y sin embargo me has hecho distinto de todos los demás. En realidad debe existir un lugar especial para mí. Guíame. Ayúdame. Señálame el camino.

Déjame que llegue a ser todo lo que tienes planeado para mí cuando mi semilla fue plantada y seleccionada por ti para germinar en la viña del mundo.

Ayuda a este humilde vendedor.

Guíame, Dios.

Capítulo

Dieciocho

Y así aconteció que Hafid esperó en su solitario palacio a aquel que iba a recibir los pergaminos. El anciano, acompañado solamente de su tenedor de libros digno de confianza, observaba el ir y venir de las estaciones, y las enfermedades propias de la vejez le impidieron bien pronto toda actividad, con la excepción de sentarse serenamente en su jardín cubierto.

Y esperó.

Y esperó casi tres años completos después de haber dispuesto de sus riquezas y de haber disuelto su emporio comercial

Y un día procedente del desierto oriental apareció un hombre de pequeña estatura que cojeaba, un extraño que entró a Damasco y se dirigió directamente a través de las calles hasta el palacio de Hafid. Erasmo, por lo general modelo de cortesía y propiedad, se paró resueltamente en la puerta cuando el visitante repitió su pedido: "Quisiera hablar con tu señor."

La apariencia de aquel forastero no inspiraba confianza. Tenía las sandalias desgarradas y remendadas con una soga, sus piernas bronceadas estaban heridas y rasguñadas, con llagas en muchos sitios, y tenía rodeada la cintura de una especie de delantal holgado y andrajoso hecho de pelos de camello. Aquel extraño tenía el pelo largo y enmarañado y sus ojos, enrojecidos por el sol, parecían arder desde adentro.

Mientras sostenía con mano firme el picaporte de la puerta, Erasmo le preguntó: —¿Qué es lo que buscas de mi señor?

El extraño se quitó la mochila del hombro y unió sus manos en actitud de oración hacia Erasmo. —Te ruego, mi buen hombre, que me des audiencia con tu señor. No busco hacerle daño ni le pediré limosna. Permíteme que él escuche mis palabras y luego me iré de inmediato si lo ofendo.

Erasmo, inseguro aún, abrió lentamente la puerta e hizo una señal hacia el interior. Luego se dio vuelta sin mirar y caminó con rapidez hacia el jardín con el visitante que lo seguía, cojeando.

En el jardín, Hafid dormitaba, y Erasmo vaciló ante su señor. Tosió, y Hafid hizo un ligero movimiento. Volvió a toser y el anciano abrió los ojos —Perdóneme que le interrumpa el sueño, señor mío, pero tenemos un visitante.

Hafid, que se había despertado, se sentó y fijó sus ojos en el extraño que hizo una reverencia y habló: —¿Es usted al que llaman el vendedor más grande del mundo?

Hafid frunció el ceño pero asintió. —Así me han llamado en épocas pretéritas. La corona ya no descansa en mi anciana cabeza. ¿Qué buscas de mí?

El visitante, de pequeña estatura, se mantuvo de pie ante Hafid, y se restregó las manos sobre su velludo pecho. Pestañeó y replicó: —Me llamo Saulo y regreso ahora a mi ciudad natal de Tarso, procedente de Jerusalén. Sin embargo, le ruego que no permita que mi apariencia le engañe. No soy un bandido del desierto ni limosnero de las calles. Soy ciudadano de Tarso y también ciudadano de Roma. Mi pueblo son los fariseos de la tribu de Benjamín, y aunque mi oficio es fabricante de tiendas, he estudiado a los pies del gran Gamaliel. Algunos me llaman Pablo.

Acompañaba a sus palabras con la oscilación de su cuerpo, y Hafid, que aún no se había despertado por completo hasta este momento, se disculpó pidiéndole a su visitante que se sentara.

Pablo asintió pero siguió de pie: —He venido para pedirle directivas y ayuda que sólo usted puede darme. ¿Me permitirá, señor, contarle mi historia?

Erasmo, de pie detrás del extraño, sacudió la cabeza violentamente, pero Hafid hizo como si no lo notara. Estudió con detenimiento a aquel que le había interrumpido el sueño y luego asintió: —Soy muy anciano para seguir mirándote con la cabeza levantada. Siéntate a mis pies y te escucharé.

Pablo puso al lado su mochila y se hincó cerca del anciano que esperaba en silencio.

—Hace cuatro años, a raíz de que el conocimiento acumulado en demasiados años de estudio había enceguecido mi corazón y no podía ver la verdad, fui testigo oficial del apedreamiento en Jerusalén de un santo llamado Esteban Había sido condenado a muerte por el sanhedrín judío por blasfemia contra Dios.

Hafid lo interrumpió con un dejo de perplejidad en su voz. —No sé que tengo que ver con esta actividad.

Pablo levantó la mano como para calmar al anciano y dijo: —Lo explicaré de inmediato. Esteban era seguidor de un hombre llamado Jesús, que a menos de un año antes de la lapidación de Esteban, fue crucificado por los romanos por sedición contra el estado. La culpabilidad de Esteban consistía en su insistencia de que Jesús era el Mesías. cuya venida había sido predicha por los profetas judíos, y que el templo había conspirado con Roma para asesinar a este hijo de Dios. Esta conducta constituía un acto de censura a las autoridades constituidas y sólo podía ser castigada con la muerte, y como se lo he manifestado, yo participé. Además, en virtud de mi fanatismo y fervor juvenil, se me concedieron cartas para el sumo sacerdote del templo, y se me confió la misión de viajar aquí a Damasco para realizar una pesquisa y hallar a todo seguidor de Jesús y enviarlo encadenado a Jerusalén para que fuese castigado. Esto ocurrió, como lo he manifestado, hace cuatro años.

Erasmo miró de soslayo a Hafid, y quedó asombrado, porque había una expresión en la mirada del anciano que el fiel tenedor de libros no había visto desde hacía muchos años. Sólo se oía el borboteo de la fuente en el jardín, hasta que Pablo habló de nuevo diciendo: —Y ahora en circunstancias que me acercaba a Damasco con ideas asesinas en mi corazón, vi un resplandor repentino del cielo. Aunque no recuerdo haber sido golpeado, me encontré en el suelo, y aunque no podía ver, sí podía oír, y oí una voz en mis oídos que me decía: "Saulo, Saulo, ¿por qué me persigues?" Y yo le respondí: "¿Quién eres tú?" Y la voz me replicó: "Soy Jesús, a quien tú persigues. Levántate y entra en la ciudad, y se te dirá lo que debes hacer."

Después de una pausa, Pablo prosiguió: —Me puse de pie y fui conducido de la mano por mis compañeros a la ciudad de Damasco y allí no pude comer ni beber durante tres días mientras permanecí en la casa de un seguidor del crucificado. Luego fui visitado por otro llamado Ananías, que me dijo que en una visión se le había dicho que me visitara. Luego me puso la mano sobre los ojos y pude ver de nuevo. Enseguida comí, y bebí y recuperé las fuerzas.

Hafid se inclinó hacia adelante en su banco y preguntó: —¿Qué pasó entonces?

—Fui llevado a la sinagoga y la presencia de un perseguidor como yo de los seguidores de Jesús infurdió temor en todos sus discípulos, pero prediqué de todas maneras y mis palabras los confundieron, porque ahora hablaba de que aquel que había sido crucificado era en realidad el Hijo de Dios. Y todos los que me escuchaban sospecharon una treta de mi parte porque ¿no había provocado estragos en Jerusalén? No los pude convencer del cambio que se había operado en mi corazón, y muchos conspiraron amenazándome de muerte, de manera que escapé por sobre las murallas y regresé a Jerusalén.

Pablo guardó silencio por un instante y luego prosiguió: —En Jerusalén se repitió lo que había acontecido en Damasco. Ninguno de los discípulos de Jesús se acercaba siquiera a mí aunque se había recibido noticia de mi predicación en Damasco. No obstante, continué predicando en el nombre de Jesús pero sin resultados.

EL VENDEDOR MÁS GRANDE

Por todas partes que hablaba antagonizaba a aquellos que me escuchaban hasta que un día fui al templo y mientras me hallaba en el atrio, observando la venta de palomas y corderos para el sacrificio, oí de nuevo la voz.

—¿Y esta vez qué le dijo? —preguntó Erasmo antes de darse cuenta de lo que decía.

Hafid sonrió a su viejo amigo y le hizo señas a Pablo para que continuara.

—La voz me dijo: "Tú has tenido la Palabra durante casi cuatro años pero le has comunicado a muy pocos la luz. Hasta la Palabra de Dios debe venderse a la gente o de lo contrario no la oirán. ¿No hablé en parábolas para que todos entendiesen? Pocas moscas podrás cazar con el vinagre. Retorna a Damasco y busca a aquel que es aclamado como el más grande vendedor del mundo. Si vas a esparcir mi Palabra por el mundo, que él te enseñe el camino."

Hafid dirigió una mirada rápida a Erasmo y el anciano tenedor de libros comprendió la pregunta. ¿Era éste a quien había esperado tanto tiempo? El gran vendedor se inclinó hacia adelante y puso su mano en el hombro de Pablo.
—Cuéntame de este Jesús—le dijo.

Pablo, con voz sonora y enérgica, contó de Jesús y de su vida. Mientras que Hafid y Erasmo escuchaban, Pablo habló de la larga espera judía del Mesías que vendría y los uniría en un reino nuevo e independiente de felicidad y paz. Habló de Juan el Bautista, y de la llegada en el escenario de la historia, de aquel que se llamaba Jesús. Narró los milagros realizados por este hombre, sus conferencias ante la multitud, la resurrección de los muertos, el trato que les dio a los cambiadores de dinero, y manifestó también su crucifixión, sepultura y resurrección. Finalmente, como para dar más impacto a su historia, Pablo metió la mano en sus alforjas y sacó un manto rojo que puso en la falda de Hafid.

—Señor, tiene consigo todos los bienes terrenales que dejó este Jesús. Todo lo que tenía lo compartió con el mundo, hasta su vida. Y al pie de la cruz, los soldados romanos echaron suertes sobre este manto. Lo recobré después de muchas diligencias y búsquedas cuando estuve por última vez en Jerusalén.

Hafid se puso pálido y le temblaron las manos al dar vuelta el manto manchado de sangre. Erasmo, alarmado por el aspecto de su señor, se acercó al anciano. Hafid continuaba dándole vueltas al manto hasta que halló una pequeña estrella cosida en la vestidura . . . la marca de Tola, cuyo gremio hacía los mantos vendidos por Pathros. Junto a la estrella había un círculo cosido dentro de un cuadrado . . . la marca de Pathros.

Y mientras Pablo y Erasmo observaban el anciano levantó el manto y lo frotó tiernamente contra sus mejillas. Hafid sacudió la cabeza. Imposible. Miles de mantos habían sido hechos por Tola y vendidos por Pathros en los años en que comerciaba a lo largo de las rutas de las caravanas.

Apretando aún el manto y hablando en un ronco susurro, Hafid dijo: —Dime lo que se sabe del nacimiento de este Jesús.

Pablo le dijo: —Dejó nuestro mundo con muy poco. Había entrado a él con menos. Nació en una cueva en Belén, durante la época del censo de Tiberio.

La sonrisa de Hafid parecía casi infantil para los dos hombres, al observar con asombro, porque las lágrimas comenzaron a correr por las arrugadas mejillas del anciano. Se las enjugó con la mano y preguntó: —¿Y no salió también la estrella más brillante que el hombre ha presenciado jamás, y que alumbró encima del lugar del nacimiento de este bebé?

Pablo abrió la boca pero no pudo decir nada ni era necesario. Hafid levantó los brazos y abrazó a Pablo, y esta vez ambos lloraron mezclando sus lágrimas.

Finalmente el anciano se puso de pie y llamó a Erasmo. —Fiel amigo, ve a la torre y vuelve con el cofre. Por fin hemos encontrado a nuestro vendedor.

Acerca del autor

Og Mandino fue editor ejecutivo de *Success Unlimited* (Éxito sin límites), revista de gran éxito en Estados Unidos. Durante casi dos décadas fue vendedor y jefe de ventas, actividad en la que adquirió conocimientos y sabiduría que lo motivaron a escribir su *best seller **El vendedor más grande del mundo***. Autor de más de 20 títulos, sus obras han sido traducidas a 22 idiomas y se han vendido más de 40 millones de ejemplares.

Sus artículos, cuentos y demás relatos han sido aclamados internacionalmente y es considerado el autor motivacional más leído del planeta.

Obras de Og Mandino
publicadas por Editorial Diana